鹽鐵論

〔漢〕桓寬　撰

齊魯書社
·濟南·

圖書在版編目（CIP）數據

鹽鐵論 / (漢) 桓寬撰. -- 濟南 : 齊魯書社,
2024. 9. -- (《儒典》精粹). -- ISBN 978-7-5333
-4926-4

Ⅰ. F092.2

中國國家版本館CIP數據核字第2024T5U330號

責任編輯　張　超
裝幀設計　亓旭欣

鹽鐵論
YANTIE LUN
〔漢〕桓寬　撰

主管單位　山東出版傳媒股份有限公司
出版發行　齊魯書社
社　　址　濟南市市中區舜耕路517號
郵　　編　250003
網　　址　www.qlss.com.cn
電子郵箱　qilupress@126.com
營銷中心　（0531）82098521　82098519　82098517
印　　刷　山東臨沂新華印刷物流集團有限責任公司
開　　本　880mm × 1230mm　1/32
印　　張　9
插　　頁　2
版　　次　2024年9月第1版
印　　次　2024年9月第1次印刷
標準書號　ISBN 978-7-5333-4926-4
定　　價　78.00圓

《〈儒典〉精粹》出版説明

《儒典》是對儒家經典的一次精選和萃編，集合了儒學著作的優良版本，展示了儒學發展的歷史脉絡。其中，《義理典》《志傳典》共收録六十九種元典，由齊魯書社出版。鑒於《儒典》采用套書和綫裝的形式，部頭大，價格高，不便於購買和日常使用，我們决定以《〈儒典〉精粹》爲叢書名，推出系列精裝單行本。

叢書約請古典文獻學領域的專家學者精選書目，并爲每種書撰寫解題，介紹作者生平、内容、版本流傳等情况，文簡義豐。叢書共三十三種，主要包括儒學研究的代表性專著和儒學人物的師承傳記兩大類。版本珍稀，不乏宋元善本。對於版心偏大者，適度縮小。爲便於檢索，另編排目録。不足之處，敬請讀者朋友批評指正。

齊魯書社

二〇二四年八月

《〈儒典〉精粹》書目（三十三種三十四册）

孔氏家語　荀子集解　孔叢子
春秋繁露　春秋繁露義證　鹽鐵論
新序　揚子法言　白虎通德論
潛夫論　中說　太極圖說　通書
龜山先生語録　張子語録　傳習録
張子正蒙注　先聖大訓　近思録
四存編　孔氏家儀　帝範
帝學　温公家範　文公家禮
聖門禮樂誌　東家雜記　孔氏祖庭廣記
伊洛淵源録　伊洛淵源續録　國朝漢學師承記
國朝宋學淵源記　孔子編年　孟子年表

解　題

鹽鐵論十卷，漢桓寬撰，明弘治十四年涂禎刻本

桓寬字次公，汝南（今河南上蔡）人。治《公羊春秋》。漢宣帝時被舉爲郎，官至廬江太守丞。傳見《漢書》本傳。

漢武帝時，鹽鐵皆歸朝廷專營，目的是增加朝廷財政收入，抗擊匈奴。漢昭帝始元六年（前八一），詔郡國舉賢良、文學之士六十餘人，問以民所疾苦，皆請罷鹽鐵榷酤，認爲鹽鐵、平準、均輸、酒榷這些國家政策是造成百姓疾苦的主要原因。另一方以御史大夫桑弘羊爲代表，主張繼續維持原來的禁令。於是賢良、文學們與推行這些政策的御史大夫桑弘羊等相辯論詰難。桓寬集其所論，爲書凡六十篇，末附雜論。前四十一篇是鹽鐵會議的正式辯論，第四十二篇至五十九篇是會後餘談，最後一篇『雜論』是桓寬所作後序。桓寬是儒生，基本思想仍以孔孟學説爲主，所以在《鹽鐵論·雜論第六十》篇中贊同賢良茂陵唐生、文學魯國萬生等六十餘名儒生的論説，主張行王道尚仁義。因此對桑弘羊頗有微詞：『攝卿相之位，不引準繩，

以道化下，放於利末，不師始古。』

《鹽鐵論》一書，《漢書·藝文志》著録作六十篇，《隋書·經籍志》以下皆著録爲十卷。南宋嘉泰時有刻本，今已不可見。明弘治中涂禎得宋嘉泰壬戌刻本於薦紳家，命工刻梓。涂禎本來源於宋本，是《鹽鐵論》一書現存最早的版本。清嘉慶間張敦仁曾得涂禎本，倩顧廣圻校勘重刊，并附《考證》一卷，在清代號稱善本。光緒時王先謙《重校鹽鐵論》，亦以張敦仁重刊涂禎本爲底本。《四部叢刊》影印葉德輝藏所謂涂禎本乃明正德、嘉靖間翻刻本。

李振聚

目録

鹽鐵論卷第六

鹽鐵論卷第七

鹽鐵論卷第八

鹽鐵論卷第九

鹽鐵論卷第十

鹽鐵論目録

卷四

卷五

卷八

卷九

卷十

鹽鐵論目録終

鹽鐵論卷第一

漢　桓　寬　撰

本議第一

惟始元六年有詔書使丞相御史與所舉賢良文學語問民間所疾苦文學對曰竊聞治人之道防淫佚之原廣道德之端抑末利而開仁義毋示以利然後教化可興而風俗可移也今郡國有鹽鐵酒榷均輸與民爭利散敦厚之樸成貪鄙之化是以百姓就本

者寡趨末者衆夫文繁則質衰末盛則本虧末修則民淫本修則民慤民慤則財用足民侈則飢寒生願罷鹽鐵酒榷均輸所以進本退末廣利農業便也大夫曰匈奴背叛不臣數爲寇暴於邊鄙備之則勞中國之士不備則侵盜不止先帝哀邊人之久患苦爲虜所係獲也故修障塞飭烽燧屯戍以備之邊用度不足故興鹽鐵設酒榷置均輸蕃貨長財以佐助邊費今議者欲罷之内空府庫之藏外乏執備之用使備塞乘城之士飢寒於邊將何以贍之罷之不便也

文學曰孔子曰有國有家者不患寡而患不均不患

貧而患不安故天子不言多少諸侯不言利害大夫不言得喪畜仁義以風之廣德行以懷之是以近者親附而遠者悅服故善克者不戰善戰者不師善師者不陣修之於廟堂而折衝還師王者行仁政無敵於天下惡用費哉大夫曰匈奴桀黠擅恣入塞犯厲中國殺伐郡縣朔方都尉甚悖逆不軌宜誅討之日久矣陛下垂大惠哀元元之未贍不忍暴士大夫於原野縱然被堅執銳有北面復匈奴之志又欲罷鹽鐵均輸憂邊用損武略無憂邊之心於其義未便也文學曰古者貴以德而賤用兵孔子曰遠人不服則

修文德以來之既來之則安之今廢道德而任兵革興師而伐之屯戍而備之暴兵露師以支久長轉輸糧食無已使邊境之士飢寒於外百姓勞苦於內立鹽鐵始張利官以給之非長策也故以罷之爲便也

大夫曰古之立國家者開本末之途通有無之用市朝以一其求致士民聚萬貨農商工師各得所欲交易而退易曰通其變使民不倦故工不出則農用乖商不出則寶貨絕農用乏則穀不殖寶貨絕則財用匱故鹽鐵均輸所以通委財而調緩急罷之不便也

文學曰夫導民以德則民歸厚示民以利則民俗薄

俗薄則背義而趨利趨利則百姓交於道而接於市
老子曰貧國若有餘非多財也嗜慾衆而民躁也是
以王者崇本退末以禮義防民欲實菽粟貨財市商
不通無用之物工不作無用之器故商所以通鬱滯
工所以備器械非治國之本務也大夫曰管子云國
有沃野之饒而民不足於食者器械不備也有山海
之貨而民不足於財者商工不備也隴蜀之丹漆旄
羽荆揚之皮革骨象江南之柟梓竹箭燕齊之魚鹽
旃裘兗豫之漆絲絺紵養生送終之具也待商而通
待工而成故聖人作爲舟楫之用以通川谷服牛駕

馬以達陵陸致遠窮深所以交庶物而便百姓是以先帝建鐵官以贍農用開均輸以足民財鹽鐵均輸萬民所戴仰而取給者罷之不便也文學曰國有沃野之饒而民不足於食者工商盛而本業荒也有山海之貨而民不足於財者不務民用而淫巧衆也故川源不能實漏卮山海不能贍溪壑是以盤庚萃居舜藏黃金高帝禁商賈不得仕宦所以遏貪鄙之俗而醇至誠之風也排困市井防塞利門而民猶爲非也況上之爲利乎傳曰諸侯好利則大夫鄙大夫鄙則士貪士貪則庶人盜是開利孔爲民罪梯也大夫

曰往者郡國諸侯各以其物貢輸往來煩雜物多苦惡或不償其費故郡置輸官以相給運而便遠方之貢故曰均輸開委府于京以籠貨物賤即買貴則賣是以縣官不失實商賈無所貿利故曰平準平準則民不失職均輸則民齊勞逸故平準均輸所以平萬物而便百姓非開利孔爲民罪梯者也文學曰古者之賦稅於民也因其所工不求所拙農人納其獲女工效其功今釋其所有責其所無百姓賤賣貨物以便上求間者郡國或令民作布絮吏留難與之爲市吏之所入非獨齊陶之縑蜀漢之布也亦民間之所

為耳行姦賣平農民重苦女工再稅未見輸之均也縣官猥發闔門擅市則萬物並收萬物並收則物騰躍騰躍則商賈侔利自市則吏容姦豪而富商積貨儲物以待其急輕賈姦吏收賤以取貴未見準之平也蓋古之均輸所以齊勞逸而便貢輸非以為利而賈萬物也

力耕第二

大夫曰王者塞天財禁關市執準守時以輕重御民豐年歲登則儲積以備乏絕凶年惡歲則行幣物流有餘而調不足也昔禹水湯旱百姓匱乏或相假以

接衣食禹以歷山之金湯以嚴山之銅鑄幣以贈其民而天下稱仁往者財用不足戰士或不得祿而山東被災齊趙大飢賴均輸之畜倉廩之積戰士以奉飢民以賑故均輸之物府庫之財非所以賈萬民而專奉兵師之用亦所以賑困乏而備水旱之災也文學曰古者十一而稅澤梁以時入而無禁黎民咸被南畝而不失其務故三年耕而餘一年之蓄九年耕有三年之蓄此禹湯所以備水旱而安百姓也草萊不闢田疇不治雖擅山海之財通百味之利猶不能贍也是以古者尚力務本而種樹繁躬耕趣時而衣

食足雖累凶年而人不病也故衣食者民之本稼穡者民之務也二者修則國富而民安也詩云百室盈止婦子寧止也大夫曰賢聖治家非一室富國非一道昔管仲以權譎霸而范氏以強大亡使治家養生必於農則舜不甄陶而伊尹不爲庖故善爲國者天下之下我高天下之輕我重以末易其本以虛蕩其實今山澤之財均輸之藏所以御輕重而役諸侯也汝漢之金纖微之貢所以誘外國而釣胡羌之寶也夫中國一端之縵得匈奴累金之物而損敵國之用是以騾驢馲駝銜尾入塞驒騱騵馬盡爲我畜鼲鼦

狐貉采旃文罽充於内府而璧玉珊瑚瑠璃咸爲國之寶是則外國之物内流而利不外泄也異物内流則國用饒利不外泄則民用給矣詩曰百室盈止婦子寧止文學曰古者商通物而不豫工致牢而不僞故君子耕稼田魚其實一也商則長詐工則飾罵内懷闚闟而心不怍是以薄夫欺而敦夫薄昔桀女樂充宮室文繡衣裳故伊尹高逝遊薄而女樂終廢其國今贏驢之用不中牛馬之功鼲貂旃罽不益錦綈之實美玉珊瑚出於昆山珠璣犀象出於桂林此距漢萬有餘里計耕桑之功資財之費是一物而售百

倍其價一也一揖而中萬鍾之粟也夫上好珍怪則淫服下流貴遠方之物則貨財外充是以王者不珍無用以節其民不愛其貨以富其國故理民之道在於節用尚本分土井田而已大夫曰自京師東西南北歷山川經郡國諸殷富大都無非街衢五通商賈之所臻萬物之所殖者故聖人因天時智者因地財上士取諸人中士勞其形長沮桀溺無百金之積蹠蹻之徒無猗頓之富宛周齊魯商徧天下故乃萬賈之富或累萬金追利乘羨之所致也富國何必用本農足民何必井田也文學曰洪水滔天而有禹之績

河水泛濫而有宣房之功商紂暴虐而有孟津之謀天下煩擾而有乘羨之富夫上古至治民樸而貴本安愉而寡求當此之時道路罕行市朝生草故耕不強者無以充虛織不強者無以掩形雖有湊會之要陶室之術無所施其巧自古及今不施而得報不勞而有功者未之有也

通有第三

大夫曰燕之涿薊趙之邯鄲魏之溫軹韓之滎陽齊之臨淄楚之宛丘鄭之陽翟三川之二周富冠海內皆為天下名都非有助之耕其野而田其地者也居

五諸侯之衢跨街衝之路也故物豐者民衍宅近市者家富富在術數不在勞身利在勢居不在力耕也文學曰荊陽南有桂林之饒內有江湖之利左陵陽之金右蜀漢之材伐木而樹穀燔萊而播粟火耕而水耨地廣而饒財然後鬻窳偷生好衣甘食雖白屋草廬歌謳鼓琴日給月單朝歌暮戚趙中山帶大河纂四通神衢當天下之蹊商賈錯於路諸侯交於道然民淫好末侈靡而不務本田疇不脩男女矜飾家無斗筲鳴琴在室是以楚趙之民均貧而寡富宋衛韓梁好本稼穡編戶齊民無不家衍人給故利在自

惜不在勢居街衢富在儉力趣時不在歲司羽鳩也
大夫曰五行東方木而丹章有金銅之山南方火而
交趾有大海之川西方金而蜀隴有名材之林北方
水而幽都有積沙之地此天地所以均有無而通萬
物也今吴越之竹隋唐之材不可勝用而曹衛梁宋
采棺轉尸江湖之魚萊黃之鮐不可勝食而鄒魯周
韓藜藿蔬食天地之利無不贍而山海之貨無不富
也然百姓匱乏財用不足多寡不調而天下財不散
也文學曰古者采椽不斲茅屋不翦衣布褐飯土硎
鑄金爲鉏埏埴爲器工不造奇巧世不寶不可衣食

之物各安其居樂其俗甘其食便其器是以遠方之物不交而昆山之玉不至今世俗壞而競於淫靡女極纖微工極技巧雕素樸而尚珍怪鑽山石而求金銀没深淵求珠璣設機陷求犀象張網羅求翡翠求蠻貉之物以眩中國徙邛筰之貨致之東海交萬里之財曠日費功無益於用是以褐夫匹婦勞罷力屈而衣食不足也故王者禁溢利節漏費溢利禁則反本漏費節則民用給是以生無乏資死無轉尸也大夫曰古者宮室有度輿服以庸采椽茅茨非先王之制也君子節奢刺儉儉則固昔孫叔敖相楚妻不衣

帛馬不秣粟孔子曰不可大儉極下此蟋蟀所爲作也管子曰不飾宮室則材木不可勝用不充庖廚則禽獸不損其壽無味利則本業所出無黼黻則女工不施故工商梓匠邦國之用器械之備也自古有之非獨於此弦高飯牛於周五羖賃車入秦公輸子以規矩歐冶以鎔鑄語曰百工居肆以致其事農商交易以利本末山居澤處蓬蒿墝埆財物流通有以均之是以多者不獨衍少者不獨饉若各居其處食其食則是橘柚不鬻胸鹵之鹽不出旃罽不市而吳唐之財不用也文學曰孟子云不違農時穀不可勝食

蠶麻以時布帛不可勝衣也斧斤以時入材木不可勝用田漁以時魚肉不可勝食若則飾宮室增臺榭梓匠斲巨爲小以圓爲方上成雲氣下成山林則材木不足用也男子去本爲末雖雕文刻鏤以象禽獸窮物究變則穀不足食也婦女飾微治細以成文章極伎盡巧則絲布不足衣也庖宰烹殺胎卵煎炙齊和窮極五味則魚肉不足食也當今世非患禽獸不損材木不勝患僭侈之無窮也非患無旃罽橘柚患無狹廬糠糟也

錯幣第四

大夫曰交幣通施民事不及物有所并也計本量委民有飢者穀有所藏也智者有百人之功愚者不更本之事人君不調民有相妨之富也此其所以或儲百年之餘或不厭糟糠也民大富則不可以祿使也大彊則不可以威罰也非散聚均利者不齊故人主積其食守其用制其有餘調其不足禁溢羨戹利塗然後百姓可家給人足也文學曰古者貴德而賤利重義而輕財三王之時迭盛迭衰衰則扶之傾則定之是以夏忠殷敬周文庠序之教恭讓之禮粲然可得而觀也及其後禮義弛崩風俗滅息故自食祿之

君子違於義而競於財大小相吞激轉相傾此所以或儲百年之餘或無以充虛蔽形也古之仕者不穡田者不漁抱關擊柝皆有常秩不得兼利盡物如此則愚智同功不相傾也詩云彼有遺秉此有滯穗伊寡婦之利言不盡物也大夫曰湯文繼衰漢興乘弊一質一文非苟易常也俗弊家法非務變古也亦所以救失扶衰也故教與俗改弊與世易夏后以玄貝周人以紫石後世或金錢刀布物極而衰終始之運也故山澤無征則君臣同利刀幣無禁則姦貞並行夫臣富相侈下專利則相傾也文學曰古者市朝而

無刀幣各以其所有易無抱布貿絲而已後世即有龜貝金錢交施之也幣數變而民滋僞夫救僞以質防失以禮湯文繼衰革法易化而殷周道興漢初乘弊而不改易畜利變幣欲以反本是猶以煎止燔以火止沸也上好禮則民闇飾上好貨則下死利也大夫曰文帝之時縱民得鑄錢冶鐵煮鹽吳王擅鄣海澤鄧通專西山山東姦猾咸聚吳國秦雍漢蜀因鄧氏吳鄧錢布天下故有鑄錢之禁禁禦之法立而姦僞息姦僞息則民不期於妄得而各務其職不反本何爲故統一則民不二也幣由上則下不疑也文學

曰往古幣衆財通而民樂其後稍去舊幣更行白金龜龍民多巧新幣數易而民益疑於是廢天下諸錢而專命水衡三官作吏近侵利或不中式故有薄厚輕重農人不習物類比之信故疑新不知姦真商賈以美貿惡以半易倍買則失實賣則失理其疑或滋益甚夫鑄僞金錢以有法而錢之善惡無增損於政擇錢則物稽滯而用人尤被其苦春秋曰算不及蠻夷則不行故王者外不鄣海澤以便民用內不禁刀幣以通民施

禁耕第五

大夫曰家人有寶器尚函匣而藏之況人主之山海乎夫權利之處必在深山窮澤之中非豪民不能通其利異時鹽鐵未籠布衣有朐邴朐邴人吳王皆鹽鐵初議也君有吳王專山澤之饒薄賦其民賑贍窮小以成私威私威積而逆節之心作夫不蚤絕其源而憂其末若決呂梁沛然其所傷必多矣太公曰一家害百家百家害諸侯諸侯害天下王法禁之令放民於權利罷鹽鐵以資暴彊遂其貪心衆邪羣聚私門成黨則強禦日以不制而并兼之徒姦形成也文學曰民人藏於家諸侯藏於國天子藏於海內故民

人以垣墻爲藏閉天子以四海爲匣匱天子適諸侯升自阼階諸侯納管鍵執策而聽命示莫爲主也是以王者不畜聚下藏於民遠浮利務民之義義禮立則民化上若是雖湯武生存於世無所容其慮工商之事歐冶之任何姦之能成三桓專魯六卿分晉不以鹽鐵故權利深者不在山海在朝廷一家害百家在蕭墻而不在朐邴也大夫曰山海有禁而民不傾貴賤有平而民不疑縣官設衡立準人從所欲雖使五尺童子適市莫之能欺今罷去之則豪民擅其用而專其利決市閭巷高下在口吻貴賤無常端坐而

民豪是以養強抑弱而藏於跖也彊養弱抑則齊民消若衆穖之盛而害五穀一家害百家不在胸邪如何也文學曰山海者財用之寶也鐵器者農夫之死生也死生用則仇讐滅仇讎滅則田野闢田野闢而五穀熟寶路開則百姓贍而民用給民用給則國富國富而教之以禮則行道有讓而工商不相豫人懷敦樸以自相接而莫相利夫秦楚燕齊士力不同剛柔異勢巨小之用居局之宜黨殊俗易各有所便縣官籠而一之則鐵器失其宜而農民失其便器用不便則農夫罷於壄而草萊不辟草萊不辟則民困乏

故鹽冶之處大傲皆依山川近鐵炭其勢咸遠而作劇郡中卒踐更者多不勘責取庸代縣邑或以戶口賦鐵而賤平其準良家以道次發僦運鹽鐵煩費邑或以戶百姓病苦之愚竊見一官之傷千里未覩其在胸郍也

復古第六

大夫曰故扇水都尉彭祖寧歸言鹽鐵令品令品甚明卒徒衣食縣官作鑄鐵器給用甚衆無妨於民而吏或不良禁令不行故民煩苦之令意總一鹽鐵非獨爲利入也將以建本抑末離朋黨禁淫侈絶幷兼

之路也古者名山大澤不以封爲下之專利也山海
之利廣澤之畜天下之藏也皆宜屬少府陛下不私
以屬大司農以佐助百姓浮食豪民好欲擅山海之
貨以致富業役利細民故沮事議者衆鐵器兵刃天
下之大用也非衆庶所宜事也往者豪強大家得管
山海之利采鐵石鼓鑄煑鹽一家聚衆或至千餘人
大抵盡收放流人民也遠去鄉里棄墳墓依倚大家
聚深山窮澤之中成姦僞之業遂朋黨之權其輕爲
非亦大矣今自廣進賢之途練擇守尉不待去鹽鐵
而安民也文學曰扇水都尉所言當時之利權一切

之術也不可以久行而傳世此非明王所以君國子民之道也詩云哀哉爲猶匪先民是程匪大猶是經維邇言是聽此詩人刺不通於王道而善爲權利者孝武皇帝攘九夷平百越師旅數起糧食不足故立田官置錢入穀射官救急贍不給今陛下繼大功之勤養勞勌之民此用糜鬻之時公卿宜思所以安集百姓致利除害輔明主以仁義修潤洪業之道明主即位以來六年于茲公卿無請減除不急之官省罷機利之人人權縣太久民良望於上陛下宣聖德昭明光令郡國賢良文學之士乘傳詣公車議五帝三

王之道六藝之風冊陳安危利害之分指意粲然今公卿辯議未有所定此所謂守小節而遺大體抱小利而忘大利者也大夫曰宇宙之內鷰雀不知天地之高也坎井之鼃不知江海之大窮夫否婦不知國家之慮負荷之商不知猗頓之富先帝計外國之利料胡越之兵兵敵弱而易制用力少而功大故因勢變以主四夷地濱山海以屬長城北略河外開路匈奴之鄉功未卒蓋文王受命伐崇作邑于豐武王繼之載尸以行破商擒紂遂成王業曹沫棄三北之耻而復侵地管仲負當世之累而立霸功故志大者遺

小用權者離俗有司思師望之計遂先帝之業志在絕胡貉擒單于故未遑扣扃之義而録拘儒之論文學曰鷰雀離巢宇而有鷹隼之憂坎井之鼃離其居而有蛇鼠之患況翱翔千仞而游四海乎其禍必大矣此李斯之所以折翼而趙高没淵也聞文武受命伐不義以安諸侯大夫未聞弊諸夏以役夷狄也昔秦常舉天下之力以事胡越竭天下之財以奉其用然衆不能畢而以百萬之師爲一夫之任此天下共聞也且數戰則民勞久師則兵弊此百姓所疾苦而拘儒之所憂也

鹽鐵論卷第一

鹽鐵論卷第二

非鞅第七

大夫曰昔商君相秦也內立法度嚴刑罰飭政教姦僞無所容外設百倍之利收山澤之稅國富民强器械完飾蓄積有餘是以征敵伐國攘地斥境不賦百姓而師以贍故用不竭而民不知地盡西河而民不苦鹽鐵之利所以佐百姓之急足軍旅之費務蓄積以備乏絶所給甚衆有益於國無害於人百姓何苦

爾而文學何憂也文學曰蓋文帝之時無鹽鐵之利
而民富今有之而百姓困乏未見利之所利也而見
其害也且利不從天來不從地出一取之民間謂之
百倍此計之失者也無異於愚人反裘而負薪愛其
毛不知其皮盡也夫李梅實多者來年爲之衰新穀
熟者舊穀爲之虧自天地不能兩盈而況於人事乎
故利於彼者必耗於此猶陰陽之不並曜晝夜之有
長短也商鞅峭法長利秦人不聊生相與哭孝公吳
起長兵攻取楚人搖動相與泣悼王其後楚日以危
秦日以弱故利蓄而怨積地廣而禍搆惡在利用不

竭而民不知地盡西河而人不苦也今商鞅之冊任
於内吳起之兵用於外行者勤於路居者匱於室老
母號泣怨女歎息文學雖欲無憂其可得也大夫曰
秦任商君國以富強其後卒幷六國而成帝業及二
世之時邪臣擅斷公道不行諸侯叛弛宗廟隳亡春
秋曰末言介祭仲亡也夫善歌者使人續其聲善作
者使人紹其功推車之蟬攫負子之教也周道之成
周公之力也雖有裨諶之草創無子產之潤色有文
武之規矩而無周呂之鑿枘則功業不成今以趙高
之亡秦而非商鞅猶以崇虎亂殷而非伊尹也文學

曰善鑿者建周而不疲善基者致高而不蹷伊尹以堯舜之道爲殷國基子孫紹位百代不絶商鞅以重刑峭法爲秦國基故二世而奪刑既嚴峻矣又作爲相坐之法造誹謗增肉刑百姓齋栗不知所措手足也賦斂既煩數矣又外禁山澤之原内設百倍之利民無所開説容言崇利而簡義高力而尚功非不廣壤進地也然猶人之病水益水而疾深知其爲秦開帝業不知其爲秦致亡道也狐刺之鑿雖公輸子不能善其枘畚土之基雖良匠不能成其高譬若秋蓬被霜遭風則零落雖有十子産如之何故扁鵲不能

肉白骨微箕不能存亡國也大夫曰言之非難行之爲難故賢者處實而効功亦非徒陳空文而已昔商君明於開塞之術假當世之權爲秦致利成業是以戰勝攻取幷近滅遠乘燕趙陵齊楚諸侯斂袵西面而向風其後蒙恬征胡斥地千里踰之河北若壞朽折腐何者商君之遺謀備飾素循也故舉而有利動而有功夫蓄積籌策國家之所以強也故弛廢而歸之民未覩巨計而涉大道也文學曰商鞅之開塞非不行也蒙恬却胡千里非無功也威震天下非不強也諸侯隨風西面非不從也然而皆秦之所以亡也

商鞅以權數危秦國蒙恬以得千里亡秦社稷此二子者知利而不知害知進而不知退故累身死而衆敗此所謂戀朐之智而愚人之計也夫何大道之有故曰小人先合而後忤初雖乘馬卒必泣血此之謂也大夫曰淑好之人戚施之所妬也賢知之士闒茸之所惡也是以上官大夫短屈原於頃襄公伯寮愬子路於季孫夫商君起布衣自魏入秦期年而相之革法明教而秦人大治故兵動而割地兵休而國富孝公大說封之於商安之地方五百里功如丘山名傳後世世人不能爲是以相與嫉其能而疵其功也

文學曰君子進必以道退不失義高而勿矜勞而不伐位尊而行恭功大而理順故俗不疾其能而世不妬其業今商鞅棄道而用權廢德而任力峭法盛刑以虐戾爲俗欺舊交以爲功刑公族以立威無恩於百姓無信於諸侯人與之爲怨家與之爲讐雖以獲功見封猶食毒肉愉飽而罹其咎也蘇秦合縱連横統理六國業非不大也桀紂與堯舜並稱至今不亡名非不長也然非者不足貴故事不苟多名不苟傳也大夫曰縞素不能自分於緇墨賢聖不能自理於亂世是以箕子執囚比干被刑伍員相闔閭以霸夫

差不道流而殺之樂毅信功於燕昭而見疑於惠王人臣盡節以徇名遭世主之不用大夫種輔翼越王爲之深謀卒擒強吳據有東夷終賜屬鏤而死驕主背恩德聽流說不計其功故也豈身之罪哉文學曰比干剖心子胥鴟夷非輕犯君以危身強諫以干名也憯怛之忠誠心動於內忘患之禍發於外志在匡君救民故身死而不怨君子能行是不能禦非雖在刑戮之中非其罪也是以比干死而殷人怨子胥死而吳人恨今秦怨毒商鞅之法甚於私仇故孝公卒之日舉國而攻之東西南北莫可奔走仰天而歎曰

嗟乎爲政之弊至於斯極也卒車裂族夷爲天下笑斯人自殺非人殺之也

晁錯第八

大夫曰春秋之法君親無將將而必誅故臣罪莫重於弒君子罪莫重於弒父日者淮南衡山修文學招四方遊士山東儒墨咸聚於江淮之間講議集論著書數十篇然卒於背義不臣謀叛逆誅及宗族使晁錯變法易常不用制度迫蹙宗族侵削諸侯蕃臣不附骨肉不親吳楚積怨斬錯東市以慰三軍之士而謝諸侯斯亦誰殺之乎文學曰孔子不飲盜泉之流

曾子不入勝母之閭名且惡之而況爲不臣不子乎是以孔子沐浴而朝告之哀公陳文子有馬十乘棄而違之傳曰君子可貴可賤可刑可殺而不可使爲亂若夫外飾其貌而內無其實口誦其文而行不猶其道是盜固與盜而不容於君子之域春秋不以寡犯衆誅絶之義有所止不兼怨惡也故舜之誅誅鯀其舉舉禹夫以璵璠之玭而棄其璞以一人之罪而兼其衆則天下無美寶信士也晁生言諸侯之地大冨則驕奢急卽合從故因吳之過而削之會稽因楚之罪而奪之東海所以均輕重分其權而爲萬世慮

也弦高誕於秦而信於鄭晁生忠於漢而讎於諸侯人臣各死其主爲其國用此解楊之所以厚於晉而薄於荊也

刺權第九

大夫曰今夫越之具區楚之雲夢宋之鉅野齊之孟諸有國之富而霸王之資也人君統而守之則強不禁則亡齊以其腸胃予人家強而不制枝大而折榦以專巨海之富而擅魚鹽之利也勢足以使衆恩足以卹下是以齊國內倍而外附權移於臣政墜於家公室卑而田宗強轉轂游海者蓋三千乘失之於本

而末不可救今山川海澤之原非獨雲夢孟諸也鼓
金煮鹽其勢必深居幽谷而人民所罕至姦猾交通
山海之際恐生大姦乘利驕溢散樸滋僞則人之貴
本者寡大農鹽鐵丞咸陽孔僅等上請願募民自給
費因縣官器煮鹽予用以杜浮僞之路由此觀之令
意所禁微有司之慮亦遠矣文學曰有司之慮遠而
權家之利近令意所禁微有僻奢之道著自利害之
設三業之起貴人之家雲行於塗轂擊於道攘公法
申私利跨山澤擅官市非特巨海魚鹽也執國家之
柄以行海內非特田常之勢陪臣之權也威重於六

鄉富累於陶衛輿服僭於王公宮室溢於制度幷兼列宅隔絶閭巷閣道錯連足以游觀鑿池曲道足以騁騖臨淵釣魚放犬走兔隆豺鼎力蹋鞠鬬雞中山素女撫流徵於堂上鳴鼓巴俞作於堂下婦女被羅紈婢妾曳絺紵子孫連車列騎田獵出入畢弋捷健是以耕者釋耒而不勤百姓冰釋而懈怠何者已爲之而彼取之僭侈相効上升而不息此百姓所以滋僞而罕歸本也大夫曰官尊者禄厚本美者枝茂故文王德而子孫封周公相而伯禽富水廣者魚大父尊者子貴傳曰河海潤千里盛德及四海況之妻子

乎故夫貴於朝妻貴於室富曰苟美古之道也孟子曰王者與人同而如彼者居使然也居編户之列而望卿相之子孫是以跛夫之欲及樓季也無錢而欲千金之寶不亦虛望哉文學曰禹稷自布衣思天下有不得其所者若己推而納之溝中故起禹佐堯平治水土教民稼穡其自任天下如此其重也豈云食祿以養妻子而已乎夫食萬人之力者蒙其憂任其勞一人失職一官不治皆公卿之累也故君子之士行其義非樂其勢也受祿以潤賢非私其利見賢不隱食祿不專此公叔之所以為文魏成子所以為賢

也故周德成而後封子孫不以爲黨周公功成而後受封天下不以爲貪今則不然親戚相推朋黨相舉父尊於位子溢於內夫貴於朝妻謁行於外無周公之德而有其富無管仲之功而有其侈故編戶跛夫而望疾步也

刺復第十

大夫曰爲色矜而心不懌曰但居者不知負載之勞從旁議者與當局者異憂方今爲天下腹居郡諸侯並臻中外未然心憧憧若涉大川遭風而未薄是以夙夜思念國家之用寢而忘寐飢而忘食計數不離

於前萬事簡閱於心丞史器小不足與謀獨鬱大道
思覩文學若侯周邵而望子高御史案事郡國察廉
舉賢才歲不乏也今賢良文學臻者六十餘人懷六
藝之術騁意極論宜若開光發蒙信往而乖於今道
古而不合於世務意者不足以知士也將多飾文誣
能以亂實邪何賢士之難覩也自千乘倪寬以治尚
書位冠九卿及所聞覩選舉之士擢升贊憲甚顯然
未見絕倫比而爲縣官興滯立功也文學曰輸子之
制材木也正其規矩而鑿枘調師曠之諧五音也正
其六律而宮商調當世之工匠不能調其鑿枘則改

規矩不能協聲音則變舊律是以鑿枘刺戾而不合聲音泛越而不和夫舉規矩而知宜吹律而知變上也因循而不作以俟其人次也是以曹丞相日飲醇酒倪大夫閉口不言故治大者不可以煩煩則亂治小者不可怠怠則廢春秋曰其政恢卓恢卓可以為卿相其政察察察察可以為匹夫夫維綱不張禮義不行公卿之憂也槩上之文期會之事丞史之任也尚書曰俊乂在官百僚師師百工惟時庶尹允諧言官得其人人任其事故官治而不亂事起而不廢士守其職大夫理其位公卿總要執凢而已故任能者

責成而不勞任已者事廢而無功桓公之於管仲耳
而目之故君子勞於求賢逸於用之豈云殆哉昔周
公之相也謙卑而不鄰以勞天下之士是以俊乂滿
朝賢智充門孔子無爵位以布衣從才士七十有餘
人皆諸侯卿相之人也況處三公之尊以養天下之
士哉今以公卿之上位爵祿之美而不能致士則未
有進賢之道堯之舉舜也賓而妻之桓公舉管仲也
賓而師之以天子而妻匹夫可謂親賢矣以諸侯之
師匹夫可謂敬賓矣是以賢者從之若流歸之不疑
今當世在位者既無燕昭之下士鹿鳴之樂賢而行

臧文子叔之意蔽賢妬能自高其智訾人之才足已
而不問卑士而不友以位尚賢以祿驕士而求士之
用亦難矣大夫繆然不言蓋賢良長歎息焉御史進
曰太公相文武以王天下管仲相桓公以霸諸侯故
賢者得位猶龍得水騰虵游霧也公孫丞相以春秋
說先帝遽卽三公處周邵之列據萬里之勢爲天下
準繩衣不重彩食不兼味以先天下而無益於治博
士褚泰徐偃等承明詔建節馳傳巡省郡國舉孝廉
勸元元而流俗不改招舉賢良方正文學之士超遷
官爵或至卿大夫非燕昭之薦士文王之廣賢也然

而未覩功業所成殆非龍虵之才而鹿鳴之所樂賢也文學曰氷炭不同器日月不竝明當公孫弘之時人主方設謀垂意於四夷故權譎之謀進荆楚之士用將帥或至封侯食邑而勉獲者咸蒙厚賞是以奮擊之士由此興其後干戈不休軍旅相望甲士糜弊縣官用不足故設險興利之臣起磻溪熊羆之士隱涇淮造渠以通漕運東郭偃孔僅建鹽鐵策諸利富者買爵敗官免刑除罪公用彌多而爲者徇私上下無求百姓不堪抗弊而從法故憯急之臣進而見知廢格之法起杜周咸宣之屬以峻文決理貴而王溫

舒之徒以鷹隼擊殺顯其欲據仁義以道事君者寡偷合取容者衆獨以一公孫弘如之何

論儒第十一

御史曰文學祖述仲尼稱誦其德以爲自古及今未之有也然孔子脩道魯衛之間教化洙泗之上弟子不爲變當世不爲治魯國之削滋甚齊宣王褒儒尊學孟軻淳于髡之徒受上大夫之祿不任職而論國事蓋齊稷下先生千有餘人當此之時非一公孫弘也弱燕攻齊長驅至臨淄湣王遁逃死於莒而不能救王建禽於秦與之俱虜而不能存若此儒者之安

國尊君未始有効也文學曰無鞭策雖造父不能調駟馬無世位雖舜禹不能治萬民孔子曰鳳鳥不至河不出圖吾已矣夫故軺車良馬無以馳之聖德仁義無所施之齊宣之時不顯賢進士國家富強威行敵國及湣王奮二世之餘烈南舉楚淮北并巨宋苞十二國西摧三晉卻彊秦五國賓從鄒魯之君泗上諸侯皆入臣矜功不休百姓不堪諸侯諫不從各分散慎到捷子亡去田駢如薛而孫卿適楚内無良臣故諸侯合謀而伐之王建聽流說信反間用后勝之計不與諸侯從親以亡國爲秦所禽不亦宜乎御史

曰伊尹以割烹事湯百里以飯牛要穆公始爲苟合信然與之霸王如此何言不從何道不行故商君以王道說孝公不用卽以彊國之道卒以就功鄒子以儒術干世主不用卽以變化始終之論卒以顯名故馬効千里不必胡代士貴成功不必文辭孟軻守舊術不知世務故困於梁宋孔子能方不能圓故飢于黎丘今晚世之儒勤德時有乏匱言以爲非困此不行自周室以來千有餘歲獨有文武成康如言必參一焉取所不能及而稱之猶躄者能言遠不能行也聖人異塗同歸或行或止其趣一也商君雖革法改

教志存於彊國利民鄒子之作變化之術亦歸於仁義祭仲自貶損以行權時也故小枉大直君子爲之今硜硜然守一道引尾生之意即晉文之譎諸侯以尊周室不足道而管仲蒙耻辱以存亡不足稱也文學曰伊尹之干湯知聖主也百里之歸秦知明君也二君之能知霸王其冊素形於己非暗而以冥冥決事也孔子曰名不正則言不順言不順則事不成如何其苟合而以成霸王也君子執德秉義而行故造次必於是顛沛必於是孟子曰居今之朝不易其俗而成千乘之勢不能一朝居也寧窮飢居於陋巷安

能變已而從俗化闔廬殺僚公子札去而之延陵終
身不入吳國魯公殺子赤叔肸退而隱處不食其祿
虧義得尊枉道取容效死不爲也聞正道不行釋事
而退未聞枉道以求容也御史曰論語親於其身爲
不善者君子不入也有是言而行不足從也季氏爲
無道逐其君奪其政而冉求仲由臣焉禮男女不授
不交爵孔子適衛因嬖臣彌子瑕以見衛夫人子路
不說子瑕佞臣也夫子因之非正也男女不交孔子
見南子非禮也禮義由孔氏且貶道以求容惡在其
釋事而退也文學曰天下不平庶國不寧明王之憂

也上無天子下無方伯天下煩亂賢聖之憂也是以堯憂洪水伊尹憂民管仲束縛孔子周流憂百姓之禍而欲安其危也是以負鼎俎囚拘匍匐以救之故追亡者趨拯溺者濡今民陷溝壑雖欲無濡豈得已哉御史默不對

憂邊第十二

大夫曰文學言天下不平庶國不寧明王之憂也故王者之於天下猶一室之中也有一人不得其所則謂之不樂故民流沉溺而弗救非惠君也國家有難而不憂非忠臣也夫守節死難者人臣之職也衣食

飢寒者慈父之道也今子弟遠於勞外人主爲之夙
夜不寧群臣盡力畢議冊滋國用故少府丞令請建
酒榷以贍邊給戰士拯救民於難也爲人父兄者豈
可以已乎內省衣食以卹在外者猶未足今又欲罷
諸用減奉邊之費未可爲慈父賢兄也文學曰周之
季末天子微弱諸侯力政故國君不安謀臣奔馳何
者敵國衆而社稷危也今九州同域天下一統陛下
優游巖廊覽群臣極言至內論雅頌外鳴和鑾純德
粲然並於唐虞功烈流於子孫夫蠻貊之人不食之
地何足以煩慮而有戰國之憂哉若陛下不棄加之

以德施之以惠北夷必內向款塞自至然後以爲胡制於外臣卽匈奴沒齒不食其所用矣大夫曰聖主思念中國之未寧北邊之未安故使廷尉評等問人間所疾苦拯卹貧賤周贍不足君臣所宣明王之德安宇內者未得其紀故問諸生諸生議不干天則入淵乃欲以閭里之治而況國家之大事亦不幾矣發於畎畝出於窮巷不知冰水之寒若醉而新寤殊不足與言也文學曰夫欲安民富國之道在於反本本立而道生順天之理因地之利卽不勞而功成夫不修其源而事其流無本以統之雖竭精神盡思慮無

益於治欲安之適足以危之欲救之適足以敗之夫治亂之端在於本末而已不至勞其心而道可得也孔子曰不通於論者難於言治道不同者不相與謀今公卿意有所倚故文學之言不可用也大夫曰吾聞爲人臣者盡忠以順職爲人子者致孝以承業君有非則臣覆蓋之父有非則子匿逃之故君薨臣不變君之政父沒則子不改父之道也春秋譏毀泉臺爲其隳先祖之所爲而揚君父之惡也今鹽鐵均輸所從來久矣而欲罷之得無害先帝之功而妨聖主之德乎有司倚於忠孝之路是道殊而不同於文學

之謀也文學曰明者因時而變知者隨世而制孔子曰麻冕禮也今也純儉吾從衆故聖人上賢不離古順俗而不偏宜魯定公序昭穆順祖禰昭公廢卿士以省事節用不可謂變祖之所爲而改父之道也二世充大阿房以崇緒趙高增累秦法以廣威而未可謂忠臣孝子也

鹽鐵論卷第二

鹽鐵論卷第三

園池第十三

大夫曰：諸侯以國爲家其憂在内天子以八極爲境其慮在外故宇小者用菲功巨者用大是以縣官開園池總山海致利以助貢賦脩溝渠立諸農廣田牧盛苑囿太僕水衡少府大農歲課諸入田牧之利池籞之假及北邊置任任田官以贍諸用而猶未足今欲罷之絶其原杜其流上下俱殫困乏之應也雖好省事節用如之何其可也文學曰古者制地足以養

民民足以承其上千乘之國百里之地公侯伯子男各充其求贍其欲秦兼萬國之地有四海之富而意不贍非宇小而用菲者欲多而下不堪其求也語曰廚有腐肉國有飢民廄有肥馬路有餧人今狗馬之養蟲獸之食豈特腐肉秣馬之費哉無用之官不急之作服淫侈之變無功而衣食縣官者衆是以上不足而下困乏也今不減除其本而欲贍其末設機利造田畜與百姓爭薦草與商賈爭市利非所以明主德而相國家也夫男耕女績天下之大業也故古者分地而處之利田畝而事之是以業無不食之地國

無乏作之民令縣官之多張苑囿公田池澤公家有
鄣假之名而利歸權家三輔迫近於山河地狹人衆
四方並臻粟米薪菜不能相贍公田轉假桑榆菜菓
不殖地力不盡愚以爲非先帝之開苑囿池籞可賦
歸之於民縣官租稅而已假稅殊名其實一也夫如
是匹夫之力盡於南畝匹婦之力盡於麻枲田野闢
麻枲治則上下俱衍何困乏之有矣大夫默然視其
丞相御史

輕重第十四

御史進曰昔太公封於營丘辟草萊而居焉地薄人

少於是通利末之道極女工之巧是以鄰國交於齊財畜貨殖世爲彊國管仲相桓公襲先君之業行輕重之變南服彊楚而霸諸侯今大夫各修太公桓管之術總一鹽鐵通山川之利而萬物殖是以縣官用饒足民不困乏本末並利上下俱足此籌計之所致非獨耕桑農業也文學曰禮義者國之基也而權利者政之殘也孔子曰能以禮讓爲國乎何有伊尹太公以百里興其君管仲專於桓公以千乘之齊而不能至於王其所務非也故功名隳壞而道不濟當此之時諸侯莫能以德而爭於公私故以權相傾今天

下合爲一家利末惡欲行淫巧惡欲施大夫君以心計策國用構諸侯叅以酒榷咸陽孔僅增以鹽鐵江充耕谷之等各以鋒銳言利末之事析秋毫可爲無間矣非特管仲設九府徼山海也然而國家衰耗城郭空虛故非崇仁義無以化民非力本農無以富邦也御史曰水有猵獺而池魚勞國有強禦而齊民消故茂林之下無豐草大塊之間無美苗夫理國之道除穢鋤豪然後百姓均平各安其宇張廷尉論定律令明法以繩天下誅姦猾絕并兼之徒而強不凌弱衆不暴寡大夫各運籌策建國用籠天下鹽鐵諸利

以排富商大賈買官贖罪損有餘補不足以齊黎民是以兵革東西征伐賦斂不增而用足夫損益之事賢者所覩非衆人之所知也文學曰扁鵲撫息脉而知疾所由生陽氣盛則損之而調陰寒氣盛則損之而調陽是以氣脉調和而邪氣無所留矣夫拙醫不知脉理之腠血氣之分妄刺而無益於疾傷肌膚而已矣今欲損有餘補不足富者愈富貧者愈貧矣嚴法任刑欲以禁暴止姦而姦猶不止意者非扁鵲之用鐵石故衆人未得其職也御史曰周之建國也蓋千八百諸侯其後彊吞弱大兼小并爲六國六國連

兵結難數百年內拒敵國外攘四夷由此觀之兵甲不休戰伐不乏軍旅外奉倉庫內實今以天下之富海內之財百郡之貢非特齊楚之畜趙魏之庫也計委量入雖急用之宜無乏絕之時顧大農等以術體躬稼則后稷之烈軍四出而用不繼非天之財少也用鐵石調均有無補不足亦非也上大夫君與治粟都尉管領大農事灸刺稽滯開利百脉是以萬物流通而縣官富實當此之時四方征暴亂車甲之費克獲之賞以億萬計皆贍大司農此皆扁鵲之力而鹽鐵之福也文學曰邊郡山居谷處陰陽不和寒凍裂

地衝風飄鹵沙石凝積地勢無所宜中國天地之中陰陽之際也日月經其南斗極出其北含衆和之氣產育庶物今去而侵邊多斥不毛寒苦之地是猶棄江皐河濱而田於嶺坂菹澤也轉倉廩之委飛府庫之財以給邊民中國困於繇賦邊民苦於戍禦力耕不便種糴無桑麻之利仰中國絲絮而後衣之皮裘蒙毛曾不足蓋形夏不失複冬不離窟父子夫婦内藏於專室土圜之中中外空虛扁鵲何力而鹽鐵何福也

未通第十五

御史曰內郡人衆水泉薦草不能相贍地勢溫濕不宜牛馬民蹠耒而耕負檐而行勞罷而寡功是以百姓貧苦而衣食不足老弱負輅於路而列卿大夫或乘牛車孝武皇帝平百越以爲園圃却羌胡以爲苑囿是以珍怪異物充於後宮騊駼駃騠實於外廄匹夫莫不乘堅良而民間厭橘柚由此觀之邊郡之利亦饒矣而曰何福之有未通於計也文學曰禹平水土定九州四方各以土地所生貢獻足以充宮室供人主之欲膏壤萬里山川之利足以富百姓不待蠻貊之地遠方之物而用足聞往者未伐胡越之時繇

賦省而民富足温衣飽食藏新食陳布帛充用牛馬成群農夫以馬耕載而民莫不騎乘當此之時却走馬以糞其後師旅數發戎馬不足牸牝入陣故駒犢生於戰地六畜不育於家五穀不殖於野民不足於糟糠何橘柚之所厭儁曰大軍之後累世不復方今郡國田野有隴而不墾城郭有宇而不實邊郡何饒之有乎御史曰古者制田百步爲畝民井田而耕什而籍一義先公而後已民臣之職也先帝哀憐百姓之愁苦衣食不足制田二百四十步而一畝率三十而稅一墮民不務田作飢寒及已固其理也其不耕

而欲播不種而欲獲鹽鐵又何過乎文學曰什一而藉民之力也豐耗美惡與民共之民勤己不獨衍民衍己不獨勤故曰什一者天下之中正也田雖三十而以頃畝出稅樂歲粒米梁糲而寡取之凶年饑饉而必求足加之以口賦更繇之役率一人之作中分其功農夫悉其所得或假貸而益之是以百姓疾耕力作而饑寒遂及己也築城者先厚其基而求其高畜民者先厚其業而後求其贍論語曰百姓足君孰與不足乎御史曰古者諸侯爭強戰國並起甲兵不休民曠於田疇什一而藉不違其職今賴陛下神靈

甲兵不動久矣然則民不齊出於南畝以口率被墾田而不足空倉廩而賑貧乏侵益日甚是以愈惰而仰利縣官也爲斯君者亦病矣反以身勞民民猶背恩棄義而遠流亡避匿上公之事民相倣傚田地日無租賦不入抵扞縣官君雖欲足誰與之足乎文學曰樹木數徙則殘蟲獸徙居則壞故代馬依北風飛鳥翔故巢莫不哀其生由此觀之民非利避上公之事而樂流亡也往者軍陣數起用度不足以訾徵賦常取給見民田家又被其勞故不齊出於南畝也大抵逋流皆在大家吏正畏憚不敢篤責刻急細民細

民不堪流亡逺去中家爲之色出後亡者爲先亡者服事録民數創於惡吏故相倣傚去尤甚而就少愈多傳曰政寛者民死之政急者父子離是以田地日荒城郭空虚夫牧民之道除其所疾適其所安安而不擾使而不勞是以百姓勸業而樂公賦若此則君無賑於民民無利於上上下交議而頌聲作故取而民不厭役而民不苦靈臺之詩非或使之民自爲之若斯則君何不足之有乎御史曰古者十五入太學與小役二十冠而成人與戎事五十以上血脉溢剛曰艾壯詩曰方叔元老克壯其猶故商師若烏周師

若茶令陛下哀憐百姓寬力役之政二十三始賦五十六而免所以輔耆壯而息老艾也丁者治其田里老者修其唐園儉力趣時無飢寒之患不治其家而訟縣官亦悖矣文學曰十九年巳下爲殤未成人也二十而冠三十而娶可以從戎事五十巳上曰艾老杖於家不從力役所以扶不足而息高年也鄉飲酒之禮耆老異饌所以優耆耄而明養老也故老者非肉不飽非帛不暖非杖不行今五十巳上至六十與子孫服輓輸並給繇役非養老之意也古有大喪者居三年不呼其門通其孝道遂其哀戚之心也君子

之所重而自盡者其惟親之喪乎今或僵尸棄衰絰而從戎事非所以子百姓順孝悌之心也周公抱成王聽天下恩塞海内澤被四表矧惟南面含仁保德靡不得其所詩云夙夜基命宥密陛下富於春秋委任大臣公卿輔政政教未均故庶人議也御史默不荅也

鹽鐵論卷第三

鹽鐵論卷第四

地廣第十六

大夫曰王者包含并覆普愛無私不爲近重施不爲遠遺恩今俱是民也俱是臣也安危勞佚不齊獨不當調邪不念彼而獨計此斯亦好議矣緣邊之民處寒苦之地距強胡之難烽燧一動有没身之累故邊民百戰而中國恬卧者以邊郡爲蔽扞也詩云莫非王事而我獨勞刺不均也是以聖王懷四方獨苦興

師推却胡越遠寇國安災散中國肥饒之餘以調邊境邊境強則中國安國安則晏然無事何求而不默也文學曰古者天子之立於天下之中縣內方不過千里諸侯列國不及不食之地禹貢至于五千里民各供其君諸侯各保其國是以百姓均調而繇役不勞也今推胡越數千里道路迴避士卒勞罷故邊民有刎頸之禍而中國有死亡之患此百姓所以囂囂而不默也夫治國之道由中及外自近者始近者親附然後來遠百姓內足然後卹外故群臣論或欲田輪臺明主不許以為先救近務及時本業也故下詔

曰當今之務在於禁苛暴止擅賦力本農公卿宜承意請減除不任以佐百姓之急今中國弊落不憂務在邊境意者地廣而不耕多種而不耨費力而無功詩云無田甫田維莠驕驕其斯之謂歟大夫曰湯武之伐非好用兵也周宣王辟國千里非貪侵也所以除寇賊而安百姓也故無功之師君子不行無用之地聖王不貪先帝舉湯武之師定三垂之難一面而制敵匈奴遁逃因河山以爲防故去沙石鹹鹵不食之地故割斗辟之縣棄造陽之地以與胡省曲塞據河險守要害以寬徭役保士民由此觀之聖主用心

非務廣地以勞衆而已矣文學曰秦之用兵可謂極矣蒙恬斥境可謂遠矣今踰蒙恬之塞立郡縣寇虜之地地彌遠而民滋勞朔方以西長安以北新郡之功外城之費不可勝計非徒是也司馬唐蒙鑿西南夷之塗巴蜀弊於邛筰橫海征南夷樓船戍東越荆楚罷於甌駱左將伐朝鮮開臨洮燕齊困於穢貉張騫通殊遠納無用府庫之藏流於外國非特斗辟之費造陽之役也由此觀之非人主用心好事之臣爲縣官計過也大夫曰挾管仲之智者非爲厮役之使也懷陶朱之慮者不居貧困之處文學能言而不能

行居下而訕上處貧而非富大言而不從高厲而行卑誹譽訾議以要名采善於當世夫祿不過秉握者不足以言治家不滿檐石者不足以計事儒皆貧羸衣冠不完安知國家之政縣官之事乎何斗辟造陽也文學曰夫賤不周智貧不妨行顏淵屢空不爲不賢孔子不容不爲不聖必將以貌舉人以才進士則太公終身鼓刀寗戚不離飯牛矣古之君子守道以立名修身以俟時不爲窮變節不爲賤易志惟仁之處惟義之行臨財苟得見利反義不義而富無名而貴仁者不爲也故曾參閔子不以其仁易晉楚之富

伯夷不以其行易諸侯之位是以齊景公有馬千駟
而不能與之爭名孔子曰賢哉回也一簞食一瓢飲
在於陋巷人不堪其憂回也不改其樂故惟仁者能
處約樂貧小人富斯暴貧斯濫矣楊子曰爲仁不富
爲富不仁苟先利而後義取奪不厭公卿積億萬大
夫積千金士積百金利已并財以聚百姓寒苦流離
於路儒獨何以完其衣冠也

貧富第十七

大夫曰余結髮束脩年十三幸得宿衛給事輦轂之
下以至卿大夫之位獲禄受賜六十有餘年矣車馬

衣服之用妻子僕養之費量入爲出儉節以居之奉
祿賞賜一二籌策之積浸以致富成業故分土若一
賢者能守之分財若一智者能籌之夫白圭之廢著
子貢之三至千金豈必賴之民哉運之六寸轉之息
耗取之貴賤之間耳文學曰古者事業不二利祿不
兼然後諸業不相遠而貧富不相懸也夫乘爵祿以
謙讓者名不可勝舉也因權勢以求利者入不可勝
數也食湖池管山海芻蕘者不能與之爭澤商賈不
能與之爭利子貢以布衣致之而孔子非之況以勢
位求之者乎故古者大夫思其仁義以充其位不爲

權利以充其私也大夫曰山岳有饒然後百姓贍焉河海有潤然後民取足焉夫尋常之污不能漑陂澤丘阜之木不能成宮室小不能苞大少不能贍多未有不能自足而能足人者也未有不能自治而能治人者也故善爲人者能自爲者也善治人者能自治者也文學不能治內安能理外乎文學曰行遠者假於車濟江海者因於舟故賢士之立功成名因資而假物者也公輸子能因人主之材木以構宮室臺榭而不能自爲專屋狹廬材不足也歐治能因國君銅鐵以爲金鑪大鐘而不能自爲一鼎盤材無其用也

君子因人主之正朝以和百姓潤衆庶而不能自饒其家勢不便也故舜耕於歷山恩不及州里太公屠牛於朝歌利不及妻子及其見用恩流八荒德溢四海故舜假之堯太公因之周君子能修身以假道者不能枉道而假財也大夫曰道懸於天物布於地智者以衍愚者以困子貢以著積顯於諸侯陶朱公以貨殖尊於當世富者交焉貧者贍焉故上自人君下及布衣之士莫不戴其德稱其仁原憲孔伋當世被飢寒之患顏回屢空於窮巷當此之時迫於窟穴拘於縕袍雖欲假財信姦佞亦不能也文學曰孔子云

富而可求雖執鞭之事吾亦爲之如不可求從吾所好君子求義非苟富也故刺子貢不受命而貨殖焉君子遭時則富且貴不遇退而樂道不以利累己故不違義而妄取隱居修節不欲妨行故不毀名而趨勢雖付之以韓魏之家非其志則不居也富貴不能榮誘毀不能傷也故原憲之緼袍賢於季孫之狐貉趙宣孟之魚食甘於智伯之芻豢子思之銀珮美於虞公之垂棘魏文侯軾段干木之閭非以其有勢也晉文公見韓慶下車而趨非其多財以其富於仁充於德也故貴何必財亦仁義而已矣

毀學第十八

大夫曰夫懷枉而言正自託於無欲而實不從非此士之情也昔李斯與包丘子俱事荀卿既而李斯入秦遂取三公據萬乘之權以制海内功侔伊望名巨太山而包丘子不免於甕牖蒿廬如潦歲之鼃口非不衆也然卒死於溝壑而已今内無以養外無以稱貧賤而好義雖言仁義亦不足貴者也文學曰方李斯之相秦也始皇任之人臣無二然而荀卿謂之不食覩其罹不測之禍也包丘子飯麻蓬藜修道白屋之下樂其志安之於廣厦芻豢無赫赫之勢亦無戚

戚之憂夫晉獻垂棘非不美也宮之奇見之而歎知
荀息之圖之也智伯富有三晉非不盛也然不知襄
子之謀之也季孫之狐貉非不麗也而不知魯君之
患之也故晉獻以寶馬釣虞虢襄子以城壞誘智伯
故智伯身禽於趙而虞虢卒并於晉以其務得不顧
其後貪土地而利寶馬也孔子曰人無遠慮必有近
憂今之在位者見利不虞害貪得不顧恥以利易身
以財易死無仁義之德而有富貴之祿若蹈坎穽食
於懸門之下此李斯之所以伏五刑也南方有鳥名
鵷鶵非竹實不食非醴泉不飲飛過太山太山之鴟

俛啄腐鼠，仰見鵷鶵而嚇。今公卿以其富貴笑儒者

爲之常行，得無若太山鴟嚇鵷鶵乎？大夫曰：學者所以防固辭，禮者所以文鄙行也。故學以輔德，禮以文質。言思可道，行思可樂。惡言不出於口，邪行不及於己。動作應禮，從容中道。故禮以行之，孫以出之。是以終日言，無口過；終身行，無冤尤。今人主張官立朝以治民，疏爵分祿以褒賢，而曰懸門腐鼠，何辭之鄙背而悖於所聞也？文學曰：聖主設官以授任，能者處之；分祿以任賢，能者受之。義貴無高，義取無多。故舜受堯之天下，太公不避周之三公；苟非其人，簞食豆羹

猶爲賴民也故德薄而位高力小而任重鮮不及矣
夫泰山鴟啄腐鼠於窮澤幽谷之中非有害於人也
令之有司盜主財而食之於刑法之旁不知機之是
發又以嚇人其患惡得若泰山之鴟乎大夫曰司馬
子言天下穰穰皆爲利往趙女不擇醜好鄭嫗不擇
遠近商人不媿恥辱戎士不愛死力士不在親事君
不避其難皆爲利祿也儒墨內貪外矜往來游說栖
栖然亦未爲得也故尊榮者士之願也富貴者士之
期也方李斯在荀卿之門闒茸與之齊軫及其奮翼
高舉龍昇驥騖過九軼二翱翔萬仞鴻鵠華騮且同

侶況跛牂燕雀之屬乎席天下之權御宇內之衆後車百乘食祿萬鍾而拘儒布褐不完糟糠不飽非甘菽藿而卑廣厦亦不能得已雖欲嚇人其何已乎文學曰君子懷德小人懷土賢士徇名貪夫死利李斯貪其所欲致其所惡孫叔敖早見於未萌三去相而不悔非樂卑賤而惡重祿也慮遠而避害謹也夫郊祭之牛養食朞年衣之文繡以入廟堂太宰執其鸞刀以啓其毛方此之時願任重而止峻坂不可得也商鞅困於彭池吳起之伏王尸願被布褐而處窮鄙之蒿廬李斯相秦席天下之勢志小萬乘及其囚於

囹圄車制於雲陽之市亦願負薪入鴻門行上蔡曲街徑不可得也蘇秦吳起以權勢自殺商鞅李斯以尊重自滅皆貪祿慕榮以沒其身從車百乘曾不足以載其禍也

褒賢第十九

大夫曰伯夷以廉飢尾生以信死由小器而虧大體匹夫匹婦之爲諒也經於溝瀆而莫之知也何功名之有蘇秦張儀智足以強國勇足以威敵一怒而諸侯懼安居而天下息萬乘之主莫不屈體卑辭幣請交此所謂天下名士也夫智不足與謀而權不能舉

當世民斯爲下也今舉亡而爲有虛而爲盈布衣穿履深念徐行若有遺亡非立功成名之士而亦未免於世俗也文學曰蘇秦以從顯於趙張儀以橫任於秦方此之時非不尊貴也然智士隨而憂之知夫不以道進必不以道退不以義得者必不以義亡季孟之權三桓之富不可及也孔子爲之曰微爲人臣權均於君富侔於國者亡故其位彌高而罪彌重祿滋厚而罪滋多夫行者先全己而後求名仕者先辟害而後求祿故香餌非不美也龜龍聞而深藏鸞鳳見而高逝者知其害身也夫爲烏鵲魚鱉食香餌而後

狂飛奔走遯頭屈遰無益於死今有司盜秉國法進
不顧罪卒然有急然後車馳人趨無益於死所盜不
足償於臧獲妻子奔亡無處所身在深牢莫知恤視
方此之時何暇得以笑乎大夫曰文學節高行矯然
若不可卷盛節絜言皦然若不可涅然戍卒陳勝釋
輓輅首爲叛逆自立張楚素非有回由處士之行宰
相列臣之位也奮於大澤不過旬月而齊魯儒墨縉
紳之徒肆其長衣長衣官之也負孔氏之禮器詩書
委質爲臣孔甲爲涉博士卒俱死陳爲天下大笑深
藏高逝者固若是也文學曰周室衰禮義壞不能統

理天下諸侯交爭相滅亡并爲六國兵革不休民不得寧息秦以虎狼之心蠶食諸侯幷吞戰國以爲郡縣伐能矜功自以爲過堯舜而羞與之同棄仁義而尚刑罰以爲今時不師於文而決於武趙高治獄於内蒙恬用兵於外百姓愁苦同心而患秦陳王赫然奮爪牙爲天下首事道雖凶而儒墨或干之者以爲無王久矣道擁遏不得行自孔子以至于兹而秦復重禁之故發憤於陳王也孔子曰如有用我者吾其爲東周乎庶幾成湯文武之功爲百姓除殘去賊豈貪祿樂位哉大夫曰文學言行雖有伯夷之廉不及

柳下惠之貞不過高贍下視絜言汚行觴酒豆肉遷延相讓辭小取大雞廉狼吞趙綰王臧之等以儒術擢爲上卿而有姦利殘忍之心主父偃以口舌取大官竊權重欺紿宗室受諸侯之賂卒皆誅死東方朔自稱辯略消堅釋石當世無雙然省其私行狂夫不忍爲況無東方朔之口其餘無可觀者也文學曰志善者忘惡謹小者致大俎豆之間足以觀禮閨門之內足以論行夫服古之服誦古之道舍而爲非者鮮矣故君子時然後言義然後取不以道得之不居也滿而不溢泰而不驕故袁盎親於景帝秣馬不過一

駟公孫弘即三公之位家不過十乘東方先生説聽言行於武帝而不驕溢主父見困厄之日久此疾在位者不好道而富且貴莫知郵士也於是取饒衍之餘以周窮士之急非爲私家之業也當世囂囂非患儒之雞廉患在位者之虎飽鴟咽於求覽無所孑遺耳

鹽鐵論卷第五

相刺第二十

大夫曰古者經井田制廛里丈夫治其田疇女子治其麻枲無曠地無游人故非商工不得食於利末非良農不得食於收穫非執政不得食於官爵令儒者釋耒耜而學不驗之語曠日彌久而無益於理往來浮游不耕而食不蠶而衣巧僞良民以奪農妨政此

亦當世之所患也文學曰禹感洪水身親其勞澤行路宿過門不入當此之時簪墮不掇冠挂不顧而暇耕乎孔子曰詩人疾之不能默丘疾之不能伏是以東西南北七十說而不用然後退而修王道作春秋垂之萬載之後天下折中焉豈與匹夫匹婦耕織同哉傳曰君子當時不動而民無觀也故非君子莫治小人非小人無以養君子當不耕織爲匹夫匹婦也君子耕而不學則亂之道也大夫曰文學言治尚於唐虞言義高於秋天有華言矣未見其實也昔魯穆公之時公儀爲相子思子原爲之卿然北削於齊以

泗爲境南畏楚人西賓秦國孟軻居梁兵折於齊上
將軍死而太子虜西敗於秦地奪壤削亡河内河外
夫仲尼之門七十子之徒去父母捐室家負荷而隨
孔子不耕而學亂乃愈滋故玉屑滿篋不爲有寶誦
詩書負笈不爲有道要在安國家利人民不苟文繁
衆辭而已文學曰虞不用百里奚之謀而滅秦穆用
之以至霸焉夫不用賢則亡而不削何可得乎孟子
適梁惠王問利答以仁義趣舍不合是以不用而去
夫懷寶而無語故有粟不食無益於飢覩賢不用無
益於削紂之時内有微箕二子外有膠鬲棘子故其

不能存夫言而不用諫而不聽雖賢惡得有益於治也大夫曰橘柚生於江南而民皆甘之於口味同也好音生於鄭衛而人皆樂之於耳聲同也越人夷吾戎人由余待譯而後通而並顯齊秦人之心於善惡同也故曾子倚山而吟山鳥下翔師曠鼓琴百獸率舞未有善而不合誠而不應者也意未誠與何故言而不見從行而不合也文學曰扁鵲不能治不受鍼藥之疾賢聖不能正不食諫諍之君故桀有關龍逢而亡夏殷有三人而商滅不患無由余夷吾之倫患無桓穆之聽耳是以孔子東西無所適遇屈原放逐

於楚國故曰直道而事人焉往而不三黜枉道而事人終非以此言而不見從行而不合者也大夫曰歌者不期於利聲而貴在中節論者不期於麗辭而務在事實善聲而不知轉未可為能歌也善言而不知變未可謂能說也持規而非矩執準而非繩通一孔曉一理而不知權衡以所不覩不信人若蟬之不知雪堅據古文以應當世猶辰參之錯膠柱而調瑟固而難合矣孔子所以不用於世而孟軻見賤於諸侯也文學曰日月之光而盲者不能見雷電之聲而聾人不能聞夫為不知音者言若語於瘖聾何特蟬之

不知重雲耶夫以伊尹之智太公之賢而不能開辭
於桀紂非說也非聽者過也是以荊和抱璞而泣血
曰安得良工而剖之屈原行吟澤畔曰安得臯陶而
察之夫人君莫不欲求賢以自輔任能以治國然牽
於流說惑於道諛是以賢聖蔽掩而讒佞用事以此
亡國破家而賢士飢於巖穴也昔趙高無過人之志
而居萬人之位是以傾覆秦國而禍殃其宗盡失其
瑟何膠柱之調也大夫曰所謂文學高第者智略能
明先王之術而姿質足以履行其道故居則爲人師
用則爲世法令文學言治則稱堯舜道行則言孔墨

授之政則不達懷古道而不能行言直而行之枉道是而情非衣冠有以殊於鄉曲而實無以異於凡人諸生所謂中直者遭時蒙率備數適然耳殆非明舉所謂固未可與論治也文學曰天設三光以照記天子立公卿以明治故曰公卿者四海之表儀神化之丹青也上有輔明主之任下有遂聖化之事和陰陽調四時安衆庶育群生使百姓輯睦無怨惡之色四夷順德無叛逆之憂此公卿之職而賢者之所務也若伊尹周召三公之才太顛閎夭九卿之人文學不中聖主之明舉今之執政亦未能稱盛德也大夫不

說作色不應也文學曰朝無忠臣者政闇大夫無直士者位危任座正言君之過文侯改言行稱爲賢君袁盎面刺絳侯之驕矜卒得其慶故觸死亡以干主之過者忠臣也犯嚴顏以匡公卿之失者直士也鄙人不能巷言面違方今人主穀之教令張而不施食祿多非其人以妨農商工市井之利未歸於民民望不塞也且夫帝王之道多墮壞而不脩詩云濟濟多士意者誠任用其計非苟陳虛言而已

殊路第二十一

大夫曰七十子躬受聖人之術有名列於孔子之門

皆諸侯卿相之才可南面者數人云政事者冉有季
路言語宰我子貢宰我秉事有寵於齊田常作難道
不行身死庭中簡公殺於檀臺子路仕衛孔悝作亂
不能救君出亡身葅於衛子貢子皐遁逃不能死其
難食人之重祿不能更處人尊官不能存何其厚於
己而薄於君哉同門共業自以爲知古今之義明君
臣之禮或死或亡二三子殊路何道之悖也文學曰
宋襄公知孔父之賢而不早任故身死魯莊知季有
之賢授之政晚而國亂衛君近佞遠賢子路居蒲孔
悝爲政簡公不聽宰我而漏其謀是以二君身被放

殺而禍及忠臣二子者有事而不與其謀故可以死可以生去止其義一也晏嬰不死崔慶之難不可謂不義微子去殷之亂可謂不仁乎大夫曰至美素璞物莫能飾也至賢保真僞文莫能增也故金玉不琢美珠不畫今仲由冉求無檀柘之材隋和之璞而强文之譬若彫朽木而礪鈆刀飾嫫母畫土人也被以五色斐然成章及遭行潦流波則沮矣夫重懷古道枕籍詩書危不能安亂不能治鄉里逐雞難亦無黨也文學曰非學無以治身非禮無以輔德和氏之璞天下之美寶也待鑑識之工而後明毛嬙天下之姣

人也待香澤脂粉而後容周公天下之至聖人也待賢師學問而後通今齊世庸士之人不好學問專以己之愚而荷負臣任若無檝舳濟江海而遭大風漂設於百仞之淵東流無崖之川安得沮而止乎大夫曰性有剛柔形有好惡聖人能因而不能改孔子外變二三子之服而不能革其心故子路解長劍去危冠屈節於夫子之門然攝齊師友行行爾鄙心猶存宰予晝寢欲損三年之喪孔子曰糞土之墻不可杇也若由不得其死然故內無其質而外學其文雖有賢師良友若畫脂鏤冰費日損功故良師不能飾戚

施香澤不能化嫫母也文學蒙以不潔鄙夫掩鼻惡人盛飾可以宗祀上帝使二人不涉聖人之門不免爲窮夫安得卿大夫之名故砥所以致於刃學所以盡其才也孔子曰觚不觚觚哉觚哉故事人加則爲宗廟器否則斯養之爨才干越之鋌不厲匹夫賤之工人施巧人主服而朝也夫醜者自以爲姣故飾愚者自以爲知故不學觀笑在已而不自知不好用人自是之過也

訟賢第二十二

大夫曰剛者折柔者卷故季由以強梁死宰我以柔

弱殺使二子不學未必不得其死何者矜己而伐能小知而巨收欲人之從己不能以己之從人莫視而自見莫貫而自貴此其所以身殺死而終菹醢也未見其爲宗廟器覩其爲世戮也當此之時東流亦安之乎文學曰騏驎之輓鹽車垂頭於太行屠者持刀而睨之太公之窮困負販於朝歌也蓬頭相聚而笑之當此之時非無遠筋駿才也非文王伯樂莫知之貫也子路宰我生不逢伯樂之舉而遇狂屠故君子傷之若由不得其死然天其祝予矣孔父累華督之難不可謂不義仇牧涉宋萬之禍不可謂不賢也大

夫曰今之學者無太公之能騏驥之才有以蜂蠆介毒而自害也東海成顒河東胡建是也二子者以衒蒙舉起卒伍爲縣令獨非自是無與合同引之不來推之不往狂狷不遜忮害不恭刻轢公主侵陵大臣知其不可而強行之欲以干名所由不軌果沒其身未覩功業所至而見東觀之殃身得重罪不得以壽終狡而以爲知訐而以爲直不遜以爲勇其遭難故亦宜也文學曰二公懷精白之心行忠正之道直己以事上竭力以徇公奉法推理不避強禦不阿所親不貴妻子之養不顧私家之業然卒不能免於嫉妬

之人爲衆枉所排也其所以累不測之刑而功不遂也夫公族不正則法令不行股肱不正則姦邪興起趙奢行之平原范雎行之穰侯二國治而兩家全故君過而臣正上非而下譏大臣正縣令何肯不及諸己而行非於人執政之大失也夫屈原之沉淵遭子椒之譖也管子得行其道鮑叔之力也今不覩鮑叔之力而見汨羅之禍雖欲以壽終無其能得乎

遵道第二十三

大夫曰御史御史未應謂丞相史曰文學結髮學語服膺不舍辭若循環轉若陶鈞文繁於春華無效於

抱風飾虛言以亂實道古以害今從之則縣官用廢
虛言不可實而行之不從文學以爲非也衆口囂囂
不可勝聽諸卿都大府曰久矣通先古明當世今將
何從而可矣丞相史進曰晉文公譎而不正齊桓公
正而不譎所由不同俱歸於霸而必隨古不革襲故
不改是文質不變而椎車尚在也故或作之或述之
然後法令調於民而器械便於用也孔對三君殊意
晏子相三君異道非苟相反所務之時異也公卿既
定大業之路建不竭之本願無顧細故之語牽儒墨
論也文學曰師曠之調五音不失宮商聖王之治世

不離仁義故有改制之名無變通之實上自黃帝下及三王莫不明德教謹庠序崇仁義立教化此百世不易之道也殷周因修而昌秦王變法而亡詩云雖無老成人尚有典刑言法教故沒而存之舉而貫之貫而行之何更為哉丞相史曰說西施之美無益於容道堯舜之德無益於治今文學不言所為治而言以治之無功猶不言耕田之方美富人之囷倉也夫欲粟者務時欲治者因世故商君昭然獨見存亡不可與世俗同者為其沮功而多近也庸人安其故而愚者果所聞故舟車之治使民三年而後安之商君

之法立然後民信之孔子曰可與共學未可與權文學可令扶繩循刻非所與論道術之外也文學曰君子多聞闕疑述而不作聖達而謀小人皦智而事寡是以功成而不隳名立而不頓小人智淺而謀大羸弱而任重故中道而廢蘇秦商鞅是也無先王之法非聖人之道而因於已故亡易曰小人處盛位雖高必崩不盈其道不恒其德而能以善終身未之有也是以初登于天後入于地禹之治水也民知其利莫不勸其功商鞅之立法民知其害莫不畏其刑故夏后功立而王商鞅法行而亡商鞅有獨智之慮世不

獨見之證文學不足與權當世亦無累負之殃也

論誹第二十四

丞相史曰晏子有言儒者華於言而寡於實繁於樂而舒於民久喪以害生厚葬以傷業禮煩而難行道迂而難遵稱往古而言訾當世賤所見而貴所聞此人本狂以己爲拭此顏異所以誅黜而狄山死於匈奴也處其位而非其朝生乎世而訕其上終以被戮而喪其軀此獨誰爲負其累而蒙其殃乎文學曰禮所以防淫樂所以移風禮興樂正則刑罰中故隄防成而民無水菑禮義立民無亂患故禮義壞隄防决

所以治者未之有也孔子曰禮與其奢也寧儉喪與其易也寧戚故禮之所爲作非以害生傷業也威儀節文非以亂化傷俗也治國謹其禮危國謹其法昔秦以武力吞天下而斯高以妖孽累其禍廢古術隳舊禮專任刑法而儒墨既喪焉塞士之塗壅人之口道諛日進而上不聞其過此秦所以失天下而殞社稷也故聖人爲政必先誅之僞巧言以輔非而傾覆國家也今子安取亡國之語而來乎夫公卿處其位不正其道而以意阿色順風疾小人淺淺面從以成人之過也故知言之死不忍從苟合之徒是以不免

於縲紲悲夫丞相史曰檀柘而有鄉雚葦而有藂言物類之相從也孔子曰德不孤必有鄰故湯興而伊尹至不仁者遠矣未有明君在上而亂臣在下也今先帝躬行仁聖之道以臨海内招舉俊才賢良之士唯仁是用誅逐亂臣不避所親務以求賢而簡退不肖猶堯之舉舜禹之族殛鯀放驩兜也而曰苟合之徒是則主非而臣阿是也文學曰皋陶對舜在知人惟帝其難之洪水之災堯獨愁悴而不能治得舜禹而九州寧故雖有堯明之君而無舜禹之佐則純德不流春秋刺有君而無臣先帝之時良臣未備故邪

臣得聞堯得舜禹而殛鯀驩兜誅趙簡子得叔向而
盛青肩詘語曰未見君子不知僞臣詩云未見君子
憂心忡忡既見君子我心則降此之謂也丞相史曰
堯任鯀驩兜得舜禹而放殛之以其罪而天下咸服
誅不仁也人君用之齊民而顏異濟南亭長也先帝
舉而加之高位官至上卿狄山起布衣爲漢議臣處
舜禹之位執天下之中不能以治而反坐訕上故驩
兜之誅加而刑戮至焉賢者受賞而不肖者被刑固
其然也文學何怪焉文學曰論者相扶以義相喻以
道從善不求勝服義不恥窮若相迷以僞相亂以辭

相矜於後息期於苟勝非其貴者也夫蘇秦張儀熒
惑諸侯傾覆萬乘使人主失其所持非不辯然亂之
道也君子疾鄙夫之不可與事君患其聽從而無所
不至也今子不聽正義以輔卿相又從而順之好須
臾之說不計其後若子之爲人吏宜受上戮子姑默
矣丞相史曰蓋聞士之居世也衣服足以勝身食飲
足以供親內足以相卹外不求於人故身修然後可
以理家家治然後可以治官故飯蔬糲者不可以言
孝妻子飢寒者不可以言慈緒業不備者不可以言
理居斯世行斯身而有此三累者斯亦足以默矣

孝養第二十五

文學曰善養者不必芻豢也善供服者不必錦繡也以己之所有盡事其親孝之至也故匹夫勤勞猶足以順禮歠菽飲水足以致其敬孔子曰今之孝者是爲能養不敬何以別乎故上孝養志其次養色其次養體貴禮不貪其養禮順心和養雖不備可也易曰東鄰殺牛不知西鄰之禴祭也故富貴而無禮不如貧賤之孝悌閨門之內盡孝焉閨門之外盡悌焉朋友之道盡信焉三者孝之至也居家理者非謂積財也事親孝者非謂鮮肴也亦和顏色承意盡禮義而

已矣丞相史曰八十曰耋七十曰耄耄食非肉不飽衣非帛不暖故孝子曰甘毳以養口輕暖以養體曾子養曾皙必有酒肉無端絻雖公西赤不能以養爲容無肴膳雖閔曾不能以養卒禮無虛加故必有其實然後爲之父子與其禮有餘而養不足寧養有餘而禮不足夫洗爵以盛水升降而進糲禮雖備然非其貴者也文學曰周襄王之母非無酒肉也衣食非不如曾皙也然而被不孝之名以其不能事其父母也君子重其禮小人貪其養夫嗟來而招之投而與之乞者由不取也君子苟無其禮雖美不食焉故禮

主人不親饋則客不祭是饋輕而禮重也丞相史曰孝莫大以天下一國養次祿養下以力故王公人君上也卿大夫次也夫以家人言之有賢子者當路於世者高堂邃宇安車大馬衣輕暖食甘毳無厭者褐衣皮冠窮居陋巷有旦無暮食藜藿者葷茹膢臘而後見肉害老親之腹非唐園唯菜是盛夫藜藿乞者所不取而子以養親雖欲以禮非其貴也文學曰無其能而竊其位無其功而有其祿雖有富貴由蹠蹻之養也高臺極望食案方丈而不可謂孝老親之腹非盜囊也何故常盛不道之物夫取非有非職財入

而患從之身且死禍殃安得膢臘而食肉曾參閔子無卿相之養而有孝子之名周襄王富有天下而有不能事父母之累故禮菲而養豐非孝也涼囷而以養非孝也丞相曰上孝養色其次安親其次全身往者陳餘背漢斬於泜水五被邪逆而夷三族近世主父偃行不軌而誅滅呂步舒弄口而見戮行身不謹誅及無罪之親由此觀之虛禮無益於己也文實配行禮養俱施然後可以言孝孝在於質實不在於飾貌全身在於謹慎不在於馳語也文學曰言而不誠期而不信臨難不勇事君不忠不孝之大者也孟子

曰今之士今之大夫皆罪人也皆達其意以順其惡今子不忠不信巧言以亂政導諛以求合若此者不容於世春秋曰士守一不移循理不外援共其職而已故卑位而言高者罪也言不及而言者傲也有詔公卿與斯議而空戰口也

刺議第二十六

丞相史曰山林不讓椒桂以成其崇君子不辭負薪之言以廣其名故多見者博多聞者知距諫者塞專己者孤故謀及下者無失策舉及衆者無頓功詩云詢于蒭蕘故布衣皆得風議何況公卿之史乎春秋

士不載文而書咺者以爲宰士也孔子曰雖不吾以
吾其與聞諸侯僕雖不敏亦當傾耳下風攝齊句指
受業徑於君子之塗矣使文學言之而是僕之言有
何害使文學言之而非雖微丞相史孰不非也文學
曰以正輔人謂之忠以邪導人謂之佞夫怫過納善
者君之忠臣大夫之直士也孔子曰大夫有爭臣三
人雖無道不失其家今子處宰士之列無忠正之心
枉不能正邪不能匡順流以容身從風以說上上所
言則苟聽上所行則曲從若影之隨形響之於聲終
無所是非衣儒衣冠儒冠而不能行其道非其儒也

譬若土龍文章首目具而非龍也葶歷似菜而味殊玉石相似而異類子非孔氏執經守道之儒乃公卿面從之儒非吾徒也冉有爲季氏宰而附益之孔子曰小子鳴鼓而攻之可也故輔桀者不爲智爲桀歛者不爲仁丞相史默然不對

利議第二十七

大夫曰作世明主憂勞萬人思念北邊之未安故使使者舉賢良文學高第詳延有道之士將欲觀殊議異策虛心傾耳以聽庶幾云得諸生無能出奇計遠圖匈奴安邊境之策明枯竹守空言不知趨舍之宜

時世之變議論無所依如膝癢而搔背辯訟公門之下訩訩不可勝聽如品即口以成事此豈明主所欲聞哉文學曰諸生對冊殊路同歸指在於崇禮義退財利復往古之道匡當世之失莫不云太平雖未盡可亶用宜略有可行者焉執事闇於明禮而喻於利末沮事隋議計慮籌策以故至今未決非儒無成事公卿欲成也大夫曰色厲而內荏亂眞者也文表而柔裹亂實也文學裒衣博帶竊周公之服鞠躬踧踖竊仲尼之容議論稱誦竊商賜之辭刺譏言治過管晏之才心卑卿相志小萬乘及授之政昏亂不治故

以言舉人若以毛相馬此其所以多不稱舉詔策曰朕嘉宇内之士故詳延四方豪俊文學博習之士超遷官祿言者不必有德何者言之易而行之難有舍其車而識其牛貴其不言而多成事也吴鐸以其舌自破主父偃以其舌自殺鶡鴠夜鳴無益於明主父鳴鶡無益於死非有司欲成利文學桎梏於舊術牽於間言者也文學曰能言之能行之者湯武也能言不能行者有司也文學竊周公之服有司竊周公之位文學桎梏於舊術有司桎梏於財利主父偃以舌自殺有司以利自困夫驥之才千里非造父不能使

禹之知萬人非舜爲相不能用故季桓子聽政柳下惠忽然不見孔子爲司寇然後悖熾驥舉之在伯樂其功在造父造父攝轡馬無駑良皆可取道周公之時士無賢不肖皆可與言至治故御之良者善調馬相之賢者善使士今舉異才而使臧騶御之是猶枙驥鹽車而使責之疾此賢良文學多不稱舉也大夫曰嘻諸生闒茸無行多言而不用情貌不相副若穿踰之盜自古而患之是孔丘斥逐於魯君曾不用於世也何者以其首攝多端迂時而不要也故秦王燔去其術而不行坑之渭中而不用乃安得鼓口舌申

顏眉預前論議是非國家之事也

國病第二十八

文學曰國有賢士而不用非士之過有國者之耻孔子大聖也諸侯莫能用當小位於魯三月不令而行不禁而止沛若時雨之灌萬物莫不興起也況乎位天下之本朝而施聖主之德音教澤乎今公卿處尊位執天下之要十有餘年功德不施於天下而勤勞於百姓百姓貧陋困窮而私家累萬金此君子所耻而伐檀所刺也昔者商鞅相秦後禮讓先貪鄙尚首功務進取無德序於民而嚴刑罰於國俗日壞而民

滋然敫惠王烹葅其身以謝天下當此之時亦不能
論事矣今執政患儒貧賤而多言亦憂執事富貴而
多患也大夫視文學悒悒而不言也丞相史曰夫辯
國家之政事論執政之得失何不徐徐道理相喻何
至切切如此乎大夫難罷鹽鐵者非有利也憂國家
之用邊境之費也諸生闇闇爭鹽鐵亦非爲己也欲
反之於古而輔成仁義也二者各有所宗時世異務
又安可堅任古術而非今之理也且去小雅非人必
有以易之諸生莫有能安集國中懷臧之來遠方使
邊境無寇虜之災租稅盡爲諸生除之何況鹽鐵均

輸乎所以貴術儒者貴其處謙推讓以道盡人命辯訟愕愕然無赤賜之辭而見鄙倍之色非所聞也大夫言過而諸生亦如之諸生不直謝大夫耳賢良文學皆離席曰鄙人固陋希涉大庭狂言多不稱以逆執事夫藥酒苦於口利於病忠言逆於耳而利於行故愕愕者福也諓諓者賤也林中多疾風富貴多諛言萬里之朝日聞唯唯而後聞諸生之愕愕此乃公卿之良藥鍼石大夫色少寬面文學而蘇也賢良曰窮巷多曲辯而寡見者難喻文學守死溟涬之語而終不移夫往古之事昔有之語已可觀矣今以近世

觀之自以目有所見耳有所聞世殊而事異文景之
際建元之始民朴而歸本吏廉而自重殷殷屯屯人
衍而家富令政非改而教非易也何世之彌薄而俗
之滋衰也吏即少廉民即寡耻刑非誅惡而姦猶不
止世人有言鄙儒不如都士文學皆出山東希涉大
論子大夫論京師之日久顧分明政治失之事故所
以然者也賢良曰夫山東天下之腹心賢士之戰場
也高皇帝龍飛鳳舉於宋楚之間山東子弟蕭曹樊
酈滕灌之屬爲輔雖即異世亦既閎夭太顛而已禹
出西羌文王生北夷然聖德高世有萬人之才負迭

羣之任出入都市一旦不知返數然後終於厮役而已僕雖不生長京師才駑下愚不足以大議竊所以聞閭閻里長老之言往者常民衣服温暖而不靡器質朴牢而致用衣足以蔽體器足以便事馬足以易步車足以自載酒足以合歡而不湛樂足以理心而不淫入無宴樂之聞出無佚游之觀行即負羸止作鄉耘用約而財饒本修而民富送死哀而不華養生適而不奢大臣正而無欲執政寬而不苛故黎民寧其性百吏保其官建元始崇文修德天下乂安其後邪臣各以伎藝虧亂至治外障山海内興諸利楊可勝

告緡江充禁服張大夫革令杜周治獄罰贖科適徵細並行不可勝載夏蘭之屬妄搏王温舒之徒妄殺殘吏萌起擾亂良民當此之時百姓不保其首領豪富莫必其族姓聖主覺焉乃刑戮充等誅滅殘賊以殺死罪之怨塞天下之責然居民肆然復安然其禍累世不復瘡痍至今未息故百官尚有殘賊之政而強宰尚有強奪之心大臣擅權而斷擊豪猾多黨而侵陵富貴奢侈貧賤篡殺女工難成而易弊車器難就而易敗車不累朞器不終歲一車千石一衣十鍾常民文杯畫案机席緝蹈婢妾衣紈履絲匹庶粺飯

肉食里有俗黨有場康莊馳逐窮巷蹹鞠秉耒抱插躬耕身織者寡聚要斂從容傅白黛青者衆無而爲有貧而強夸文表無裏紈袴枲裝生不養死厚送葬死殫家遣女滿車富者欲過貧者欲及富者空臧貧者稱貸是以民年急而歲促貧即寡恥乏即少廉此所以刑非誅惡而姦猶不止也故國有嚴不急之微即生前不足疾矣

鹽鐵論卷第五

鹽鐵論卷第六

散不足二十九　救匱三十　鹽鐵箴石三十一
除狹三十二　疾貪三十三　後刑三十四
授時三十五　水旱三十六

散不足第二十九

大夫曰吾以賢良爲少愈乃反其幽明若胡車相隨而鳴諸生獨不見季夏之螇乎音聲入耳秋風至而聲無者生無易由言不顧其患患至而後默晩矣賢良曰孔子讀史記喟然而歎傷正德之廢君臣之危也夫賢人君子以天下爲任者也任大者思遠思遠

者忘近誠心閔悼惻隱加爾故忠心獨而無累此詩人所以傷而作比干子胥遺身忘禍也其惡勞人若斯之急安能默乎詩云憂心如惔不敢戲談孔子栖栖疾固也墨子遑遑閔世也大夫默然丞相曰願聞散不足賢良曰宮室輿馬衣服器械喪祭食飲聲色玩好人情之所不能已也故聖人爲之制度以防之間者士大夫務於權利怠於禮義故百姓傚傚頗踰制度今故陳之曰古者鷇物菜果不時不食鳥獸魚鼈不中殺不食故繳罔不入於澤雜毛不取今富者逐驅殲罔罝掩捕麑鷇耽湎沈猶鋪百川鮮羔䍪⿰羊幾

胎扁皮黃口春鵝秋鶵冬葵溫韭浚茈蓼蘇豐薾耳菜毛果蟲貉古者采椽茅茨陶桴複穴足禦寒暑蔽風雨而已及其後世采椽不斲茅茨不剪無斲削之事磨礱之功大夫達棱楹士頴首庶人斧成木構而已今富者井幹增梁雕文檻楯堊憂壁飾古者衣服不中制器械不中用不粥於市今民間雕琢不中之物刻畫無用之器玩好玄黃雜青五色繡衣戲弄蒲人雜婦百獸馬戲鬬虎唐銻追人奇蟲胡妲古者諸侯不秣馬天子有命以車就牧庶人之乘者馬足以代其勞而已故行則服桅止則就犂今富者連車列

騎驂貳輜軿中者微輿短轂煩尾掌蹄夫一馬伏櫪當中家六口之食亡丁男一人之事古者庶人耋老而後衣絲其餘則麻枲而已故命曰布衣及其後則絲裏枲表直領無褘袍合不緣夫羅紈文繡者人君后妃之服也繭紬縑練者婚姻之嘉飾也是以文繒薄織不鬻於市今富者縟繡羅紈中者素綈錦冰常民而被后妃之服褻人而居婚姻之飾夫紈素之賈倍縑縑之用倍紈也古者椎車無柔棧輿無植及其後木軨不衣長轂數幅蒲薦苙蓋蓋無染絲之飾大夫士則單複木具盤韋柔革常民漆輿大軨蜀輪今

庶人富者銀黃華左搔結綏韜杠中者錯鑣塗采珥靳飛鈴古者鹿裘皮冒蹄足不去及其後大夫士狐貉縫腋羔麑豹袪庶人則毛絝衳彤襆羝皮傳今富者鼲鼦狐白鳧翥中者罽衣金縷燕鼲代黃古者庶人賤騎繩控革鞮皮薦而已及其後革鞍氂成鐵鑣不飾今富者鞼耳銀鑷韅黃金琅勒罽繡弇汗垂珥胡鮮中者漆韋紹系采畫暴乾古者汙尊坏飲蓋無爵觴樽俎及其後庶人器用即竹柳陶匏而已唯瑚璉觴豆而後彫文彤漆今富者銀口黃耳金罍玉鍾中者舒玉紵器金錯蜀杯夫一文杯得銅杯十賈賤

而用不殊箕子之譏始在天子今在匹夫古者燔黍食稗而熚豚以相饗其後鄉人飲酒老者重豆少者立食一醬一肉旅飲而已及其後賓婚相召則豆羹白飯綦膾熟肉今民間酒食殽旅重疊燔炙滿案臑鼈膾腥麑卵鶉鷃橙枸鮐鱧醢醢衆物雜味古者庶人春夏耕耘秋冬收藏昏晨力作夜以繼日詩云晝爾于茅宵爾索綯亟其乘屋其始播百穀非膢臘不休息非祭祀無酒肉今賓昏酒食接連相因折醒什半棄事相隨慮無乏日古者庶人糲食藜藿非鄉飲酒膢臘祭祀無酒肉故諸侯無故不殺牛羊大夫士

無故不殺犬豕今閭巷縣佰阡伯屠沽無故烹殺相
聚野外負粟而往挈肉而歸夫一豕之肉得中年之
收十五斗粟當丁男半月之食古者庶人魚菽之祭
春秋脩其祖祠士一廟大夫三以時有事于五祀蓋
無出門之祭今富者祈名嶽望山川椎牛擊鼓戲倡
儛像中者南居當路水上雲臺屠羊殺狗鼓瑟吹笙
貧者雞豕五芳衛保散臘傾蓋社場古者德行求福
故祭祀而寬仁義求吉故卜筮而希今世俗寬於行
而求於鬼怠於禮而篤於祭嫚親而貴勢至妄而信
日聽訑言而幸得出實物而享虛福古者君子夙夜

孳孳思其德小人晨昏孜孜思其力故君子不素食
小人不空食世俗飾僞行詐爲民巫祝以取釐謝堅
額健舌或以成業致富故憚事之人釋本相學是以
街巷有巫閭里有祝古者無杠樠之寢牀移之案及
其後世庶人卽采木之杠葉華之樠士不斤成大夫
葦莞而已今富者黼繡帷幄塗屏錯跗中者錦綈高
張采畫丹漆古者皮毛草蓐無茵席之加旃蒻之美
及其後大夫士復薦草緣蒲平單莞庶人卽草蓐索
經單藺籧篨而已今富者繡茵翟柔蒲子露林中者
獲皮代旃闒坐平莞古者不粥絍不市食及其後則

有屠沽沽酒市脯魚鹽而已今熟食徧列殽施成市
作業墮怠食必趣時楊豚韭卵狗膠馬朘煎魚切肝
羊淹雞寒蜩馬駱日寋捕膚脯胹羔豆賜鷇膹鴈羹
自鮑甘瓠熱梁和炙古者土鼓凷枹擊木拊石以盡
其歡及後鄉大夫有管磬士有琴瑟往者民間酒會
各以黨俗彈箏鼓缶而已無要妙之音變羽之轉今
富者鍾鼓五樂歌兒數曹中者鳴竽調瑟鄭儛趙謳
古者瓦棺容尸木板堲周足以收形骸藏髮齒而已
及其後桐棺不衣采槨不斲今富者繡牆題湊中者
梓棺楩槨貧者畫荒衣袍繒囊緹橐古者明器有形

無實示民不用也及其後則有醯醢之藏桐馬偶人彌祭其物不備今厚資多藏器用如生人郡國繇吏素桑楺偶車櫓輪匹夫無貌領桐人衣紈綈古者不封不樹反虞祭於寢無壇宇之居廟堂之位及其後則封之庶人之墳半仞其高可隱今富者積土成山列樹成林臺榭連閣集觀增樓中者祠堂屏閣垣闕罘罳古者鄰有喪舂不相杵巷不歌謠孔子食於有喪者之側未嘗飽也子於是日哭則不歌今俗因人之喪以求酒肉幸與小坐而責辦歌舞俳優連笑伎戲古者男女之際尚矣嫁娶之服未之以記及虞夏

之後蓋表布內絲骨笄象珥封君夫人加錦尚褧而已今富者皮衣朱貉繁路環佩中者長裾交褘璧端簪珥古者事生盡愛送死盡哀故聖人爲制節非虛加之今生不能致其愛敬死以奢侈相高雖無哀戚之心而厚葬重幣者則稱以爲孝顯名立於世光榮著於俗故黎民相慕効至於發屋賣業古者夫婦之好一男一女而成家室之道及後士一妾大夫二諸侯有姪娣九女而已今諸侯百數卿大夫十數中者侍御富者盈室是以女或曠怨失時男或放死無匹古者凶年不備豐年補敗仍舊貫而不改作今工異

變而吏殊心壞敗成功以匿厥意意極乎功業務存乎面目積功以市譽不恤民之急田野不辟而飾亭落邑居丘墟而高其郭古者不以人力徇於禽獸不奪民財以養狗馬是以財衍而力有餘今猛獸奇蟲不可以耕耘而令當耕耘者養食之百姓或短褐不完而犬馬衣文繡黎民或糠糟不接而禽獸食肉古者人君敬事愛下使民以時天子以天下爲家臣妾各以其時供公職今古之通義也今縣官多畜奴婢坐稟衣食私作產業爲姦利力作不盡縣官失實百姓或無斗筲之儲官奴累百金黎民昏晨不釋事奴

婢妾拱遨遊也古者親近而疏遠貴所同而賤非類
不賞無功不養無用今蠻貊無功縣官居肆廣屋大
第坐稟衣食百姓或旦暮不贍蠻夷或厭酒肉黎民
泮汗力作今蠻夷交脛肆踞古者庶人鹿菲草芰縮
絲尚韋而已及其後則綦下不借鞔鞮革舄今富者
革中名工輕靡使容紈裏紃下越端縱緣中者鄧里
間作蒯苴秦堅婢妾韋沓絲履走者茸芰狗官古聖
人勞躬養神節欲適情尊天敬地履德行仁是以上
天歆焉永其世而豐其年故堯秀眉高彩享國百載
及秦始皇覽怪迂信禨祥使盧生求羨門高徐市等

入海求不死之藥當此之時燕齊之士釋鋤耒爭言神仙方士於是趣咸陽者以千數言仙人食金飲珠然後壽與天地相保於是數巡狩五嶽濱海之館以求神仙蓬萊之屬數幸之郡縣富人以貲佐貧者築道旁其後小者亡逃大者藏匿吏捕索掣頓不以道理名宮之旁廬舍丘落無生苗立樹百姓離心怨思者十有半書曰享多儀儀不及物曰不享故聖人非仁義不載於己非正道不禦於前是以先帝誅文成五利等宣帝建學官親近忠良欲以絕怪惡之端而昭至德之塗也宮室奢侈林木之蠹也器械雕琢財

用之蠹也衣服靡麗布帛之蠹也狗馬食人之食五穀之蠹也口腹從恣魚肉之蠹也用費不節府庫之蠹也漏積不禁田野之蠹也喪祭無度傷生之蠹也墮成變故傷功工商上通傷農故一杯棬用百人之力一屏風就萬人之功其爲害亦多矣目修於五色耳營於五音體極輕薄口極甘脆功積於無用財盡於不急口腹不可爲多故國病聚不足即政怠人病聚不足則身危丞相曰治聚不足柰何

救匱第三十

賢良曰蓋橈枉者過直救文者以質昔者晏子相齊

一狐裘三十載故民奢示之以儉民儉示之以禮方今公卿大夫子孫誠能節車輿適衣服躬親節儉率以敦朴罷園池損田宅內無事乎市列外無事乎山澤農夫有所施其功女工有所粥其業如是則氣脉和平無聚不足之病矣大夫曰孤子語孝躄者語杖貧者語仁賤者語治議不在己者易稱從旁議者易是其當局則亂故公孫弘布被倪寬練袍衣若僕妾食若庸夫淮南逆於內蠻夷暴於外盜賊不爲禁奢侈不爲節若疲歲之巫徒能鼓口耳何散不足之能治乎賢良曰高皇帝之時蕭曹爲公滕灌之屬爲卿

濟濟然斯則賢矣文景之際建元之始大臣尚有爭
引守正之義自此之後多承意從欲少敢直言面議
而正刺因公而徇私故武安丞相訟園田爭曲直人
主之前夫九層之臺一傾公輸子不能正本朝一邪
伊望不能復故公孫丞相倪大夫側身行道分祿以
養賢卑己以下士功業顯立日力不足無行人子產
之繼而葛繹彭侯之等隳壞其緒紕亂其紀毀其客
館議堂以為馬廄婦舍無養士之禮而尚驕矜之色
廉耻陵遲而爭於利矣故良田廣宅民無所之不耻
為利者滿朝市列田畜者彌郡國橫暴掣頓大第巨

舍之旁道路且不通此固難醫而不可爲工大夫勃
然作色默而不應

鹽鐵箴石第三十一

丞相曰吾聞諸鄭長孫曰君子正顏色則遠暴嫚出
辭氣則遠鄙倍矣故言可述行可則此有司夙昔所
願覩也若夫劍客論博奕辯盛色而相蘇秦立權以
不相假使有司不能取賢良之議而賢良文學被不
遜之名竊爲諸生不取也公孫龍有言曰論之爲道
辯故不可以不屬意屬意相寬相寬其歸爭爭而不
讓則入於鄙今有司以不仁又蒙素飡無以更責雪

恥矣縣官所招舉賢良文學而及親民偉仕亦未見其能用箴石而醫百姓之疾也賢良曰賈生有言曰懇言則辭淺而不入深言則逆耳而失指故曰談何容易談且不易而況行之乎此胡建所以不得其死而吳得幾不免於患也語曰五盜執一良人枉木惡直繩今欲下箴石通關萬則恐有盛胡之累懷箴橐艾則被不工之名狼跋其胡載踕其尾君子之路行止之道固狹耳此子石所以歎息也

除狹第三十二

大夫曰賢者處大林遭風雷而不迷愚者雖處平敞

大路猶暗惑焉令守相親剖符賛拜莅一郡之衆古方伯之位也受命專制宰割千里不御於内善惡在於己已不能故耳道何狹之有哉賢良曰古之進士也鄉擇而里選論其才能然後官之勝職任然後爵而祿之故士修之鄉曲升諸朝廷行之幽隱明足顯著疏遠無失士小大無遺功是以賢者進用不肖者簡黜今吏道壅而不選富者以財賈官勇者以死射功戲車鼎躍咸出補吏累功積日或至卿相垂青繩擐銀龜擅殺生之柄專萬民之命弱者猶使羊將狼也其亂必矣強者則是予狂夫利劍也必妄殺生也

是以往者郡國黎民相乘而不能理或至鋸頸殺不辜而不能正執綱紀非其道蓋慱亂愈甚古者封賢祿能不過百里百里之中而爲都疆垂不過五十猶以爲一人之身明不能照聰不得達故立卿大夫士以佐之而政治乃備今守相或無古諸侯之賢而蒞千里之政主一郡之衆施聖主之德擅生殺之法至重也非仁人不能任非其人不能行一人之身治亂在己千里與之轉化不可不熟擇也故人主有私人以財不私人以官懸賞以待功序爵以俟賢舉善若不足黜惡若仇讎固爲其非功而殘百姓也夫傳主

德開臣途在於選賢而器使之擇練守相然後任之

疾貪第三十三

大夫曰然爲醫以拙矣又多求謝爲吏既多不良矣又侵漁百姓長吏厲諸小吏小吏厲諸百姓故不患擇之不熟而患求之與得異也不患其不足也患其貪而無厭也賢良曰古之制爵祿也卿大夫足以潤賢厚士足以優身及黨庶人爲官者足以代其耕而食其祿今小吏祿薄郡國繇役遠至三輔粟米貴不足相贍常居則匱於衣食有故則賣畜粥業非徒是也繇使相遣官庭攝追小計權吏行施乞貸長吏侵

漁上府下求之縣縣求之鄉鄉安取之哉語曰貨賂下流猶水之赴下不竭不止今大川江河飲巨海巨海受之而欲谿谷之讓流潦百官之廉不可得也夫欲影正者端其表欲下廉者先之身故貪鄙在率不在下教訓在政不在民也大夫曰賢不肖有質而貪鄙有性君子內潔己而不能純教於彼故周公非不正管蔡之邪子產非不正鄧晳之僞也夫內不從父兄之教外不畏刑法之罪周公子產不能化必也今一二則責之有司有司豈能縛其手足而使之無爲非哉賢良曰駟馬不馴御者之過也百姓不治有司

之罪也春秋刺譏不及庶人責其率也故古者大夫將臨刑聲色不御刑以當矣猶三巡而嗟歎之其恥不能以化而傷其不全也政教闇而不著百姓蹶而不扶猶赤子臨井焉聽其入也若此則何以爲民父母故君子急於教緩於刑刑一而正百殺一而愼萬是以周公誅管蔡而子產誅鄧晳也刑誅一施民遵禮義矣夫上之化下若風之靡草無不從教何一一而縛之也

後刑第三十四

大夫曰古之君子善善而惡惡人君不畜惡民農夫

不畜無用之苗無用之苗苗之害也無用之民民之賊也鉏一害而衆苗成刑一惡而萬民悅雖周公孔子不能釋刑而用惡家之有鉏子器皿不居倪鉏民乎民者教於愛而聽刑故刑所以正民鉏所以别苗也賢良曰古者篤教以導民明辟以正刑刑之於治猶策之於御也良工不能無策而御有策而勿用聖人假法以成教教成而刑不施故威厲而不殺刑設而不犯今廢其紀綱而不能張壞其禮義而不能防民陷於罔從而獵之以刑是猶開其闌牢發以毒矢也不盡不止曾子曰上失其道民散久矣如得其情

卹哀矜而勿喜夫不傷民之不治而伐己之能得姦猶弋者覩鳥獸挂罻羅而喜也今天下之被誅者不必有管蔡之邪鄧晳之僞恐苗盡而不別民欺而不治也孔子曰人而不仁疾之已甚亂也故民亂反之政政亂反之身身正而天下定是以君子嘉善而矜不能恩及刑人德潤窮夫施惠悅爾行刑不樂也

授時第三十五

大夫曰共其地居是世也非有災害疾疫獨以貧窮非惰則奢也無奇業旁入而猶以富給非儉則力也今日施惠悅爾行刑不樂則是閔無行之人而養惰

奢之民也故妄予不爲惠惠惡者不爲仁賢良曰三代之盛無亂萌教也夏商之季世無順民俗也是以王者設庠序明教化以防道其民及政教之洽性仁而喻善故禮義立則耕者讓於野禮義壞則君子爭於朝人爭則亂亂則天下不均故或貧或富富則仁生贍則民爭止昏暮叩人門戶求水火貪夫不恡何則所饒也夫爲政而使菽粟如水火民安有不仁者乎大夫曰博戲馳逐之徒皆富人子弟非不足者也故民饒則僭侈富則驕奢坐而委蛇起而爲非未見其仁也夫居事不力用財不節雖有財如水火窮乏

可立而待也有民不畜有司雖助之耕織其能足之乎賢良曰周公之相成王也百姓饒樂國無窮乏之人非代之耕織也易其田疇薄其稅斂則民富矣上以奉君親下無飢寒之憂則教可成也語曰既富矣又何加焉曰教之以德齊之以禮則民從義而從善莫不入孝出悌夫何奢侈暴慢之有管子曰倉廩實而知禮節百姓足而知榮辱故民易與適禮難與適道大夫曰縣官之於百姓若慈父之於子也忠焉能勿誨乎愛之而勿勞乎故春親耕以勸農賑貸以贍不足通滴水出輕繫使民務時也蒙恩被澤而至今猶

以貧困其難與適道若是夫賢良曰古者春省耕以補不足秋省斂以助不給民勤於財則貢賦省民勤於力則功業牢爲民愛力不奪須臾故召伯聽斷於甘棠之下爲妨農業之務也今時雨澍澤種懸而不得播秋稼零落乎野而不得收田疇赤地而停落成市發春而後懸青幡而策土牛殆非明主勸耕稼之意而春令之所謂也

水旱第三十六

大夫曰禹湯聖主后稷伊尹賢相也而有水旱之災水旱天之所爲饑穰陰陽之運也非人力故太歲之

數在陽爲旱在陰爲水六歲一饑十二歲一荒天道然殆非獨有司之罪也賢良曰古者政有德則陰陽調星辰理風雨時故循行於內聲聞於外爲善於下福應於天周公載紀而天下太平國無夭傷歲無荒年當此之時雨不破塊風不鳴條旬而一雨雨必以夜無丘陵高下皆熟詩曰有渰萋萋興雨祁祁今不省其所然而曰陰陽之運也非所聞也孟子曰野有餓殍不知收也狗豕食人食不知檢也爲民父母民饑而死則曰非我也歲也何異乎以刃殺之則曰非我也兵也方今之務在除饑寒之患罷鹽鐵退權利

分土地趣本業養桑麻盡地力也寡功節用則民自富如是則水旱不能憂凶年不能累也大夫曰議者貴其辭約而指明可於衆人之聽不至繁文稠辭多言害有司化俗之計而家人語陶朱爲生本末異徑一家數事而治生之道乃備今縣官鑄農器使民務本不營於末則無饑寒之累鹽鐵何害而罷賢良曰農天下之大業也鐵器民之大用也器用便利則用力少而得作多農夫樂事勸功用不具則田疇荒穀不殖用力鮮功自半器便與不便其功相什而倍也縣官鼓鑄鐵器大抵多爲大器務應負程不給民用

民用鈍弊割草不痛是以農夫作劇得獲者少百姓
苦之矣大夫曰卒徒工匠以縣官日作公事財用饒
器用備家人合會褊於日而勤於用鐵力不銷鍊堅
柔不和故有司請總鹽鐵一其用平其賈以便百姓
公私雖虞夏之爲治不易於此吏明其教工致其事
則剛柔和器用便此則百姓何苦而農夫何疾賢良
曰卒徒工匠故民得占租鼓鑄煮鹽之時鹽與五穀
同賈器和利而中用今縣官作鐵器多苦惡用費不
省卒徒煩而力作不盡家人相一父子戮力各務爲
善器器不善者不集農事急輓運衍之阡陌之間民

相與市買得以財貨五穀新弊易貨或時貰民不棄作業置田器各得所欲更繇省約縣官以徒復作繕治道橋諸發民便之今總其原壹其賈器多堅礊善惡無所擇吏數不在器難得家人不能多儲多儲則鎮生棄膏腴之日遠市田器則後良時鹽鐵賈貴百姓不便貧民或木耕手耨土耰啖食鐵官賣器不售或頗賦與民卒徒作不中呈時命助之發徵無限更繇以均劇故百姓疾苦之古者千室之邑百乘之家陶冶工商四民之求足以相更故農民不離畦畝而足乎田器工人不斬伐而足乎陶冶不耕田而足乎

粟米百姓各得其便而上無事焉是以王者務本不作末去炫燿除雕琢湛民以禮示民以樸是以百姓務本而不營於末

鹽鐵論卷第六

鹽鐵論卷第七

崇禮第三十七

大夫曰飾几杖脩樽俎爲賓非爲主也炫燿奇怪所以陳四夷非爲民也夫家人有客尚有倡優奇變之樂而況縣官乎故列羽旄陳戎馬以示威武奇蟲珍怪所以示懷廣遠明德遠國莫不至也賢良曰王者崇禮施德上仁義而賤怪力故聖人絶而不言孔子曰言忠信行篤敬雖蠻貊之邦不可棄也今萬方絶

國之君奉贄獻者懷天子之盛德而欲觀中國之禮儀故設明堂辟雍以示之楊干戚昭雅頌以風之令乃玩好不用之器奇蟲不畜之獸角抵諸戲炫燿之物陳夸之殆與周公之待遠方殊昔周公處譙以卑士執禮以治下天下辭越裳之贄見恭讓之禮既與入文王之廟是見大孝之禮也目覩威儀干戚之容耳聽清歌雅頌之聲心充至德欣然以歸此四夷所以慕義內附非重譯狄鞮來觀猛獸熊羆也夫犀象兕虎南夷之所多也騾驢馲馳北狄之常畜也中國所鮮外國賤之南越以孔雀珥門戶崑山之旁以玉

璞抵烏鵲今貴人之所賤珍人之所饒非所以厚中國明盛德也隋和之名寶也而不能安危存亡故諭德示威惟賢臣良相不在犬馬珍怪是以聖王以賢爲寶不以珠玉爲寶昔晏子修之罇俎之間而折衝乎千里不能者雖隋和滿篋無益於存亡大夫曰晏子相齊三君崔慶無道刧其君亂其國靈公同闔莊公弑死景公之時晉人来攻取垂都舉臨菑邊邑削城郭焚宮室隳寶器盡何衝之所能折乎由此觀之賢良所言賢人爲寶則損益無輕重也賢良曰管仲去魯入齊齊霸魯削非恃其衆而歸齊也伍子胥挾

子胥干闔閭破楚入郢非負其兵而適吳也故賢者所在國重所去國輕楚有子玉得臣文公側席虞有宮之奇晉獻不寐夫臣所在辟除開塞者亦遠矣故春秋曰山有虎豹葵藿爲之不採國有賢士邊境爲之不害也

備胡第三十八

大夫曰鄙語曰賢者容不辱以世俗言之鄉曲有桀人尚辟之今明天子在上匈奴公爲寇侵擾邊境是仁義犯而藜藿不採昔狄人侵太王匡人畏孔子故不仁者仁之賊也是以縣官厲武以討不義設機械

以備不仁賢良曰匈奴處沙漠之中生不食之地天所賤而棄之無壇宇之居男女之别以廣野爲閭里以穹廬爲家室衣皮蒙毛食肉飲血會市行牧豎居如中國之麋鹿耳好事之臣求其義責之禮使中國干戈至今未息萬里設備此兔罝之所刺故小人非公侯腹心干城也大夫曰天子者天下之父母也四方之衆其義莫不願爲臣妾然猶修城郭設關梁厲武士備衛於宫室所以遠折難而備萬方者也今匈奴未臣雖無事欲釋備如之何賢良曰吳王所以見禽於越者以其越近而陵遠也秦所以亡者以外備

胡越而内亡其政也夫用軍於外政敗於内備爲所患增主所憂故人主得其道則遐邇潛行而歸之文王是也不得其道則臣妾爲寇秦王是也夫文衰則武勝德盛則備寡大夫曰往者四夷俱強並爲寇虐朝鮮踰徼劫燕之東地東越東海略浙江之南南越内侵滑服令氐棘人冉駹嶲唐昆明之屬擾隴西巴蜀今三垂已平唯北邊未定夫一舉則匈奴中外震懼釋備而何寡也賢良曰古者君子立仁修義以綏其民故邇者習善遠者順之是以孔子仕於魯前仕三月及齊平後仕三月及鄭平務以德安近而綏遠

當此之時魯無敵國之難鄰境之患強臣變節而忠順故季桓隳其都城大國畏義而合好齊人來歸鄆讙龜陰之田故為政而以德非獨辟害折衝也所欲不求而自得今百姓所以囂囂中外不寧者咎在匈奴內無室宇之守外無田疇之積隨美草甘水而驅牧匈奴不變業而中國以騷動矣風合而雲解就之則亡擊之則散未可一世而舉也大夫曰古者明王討暴衛弱定傾扶危則小國之君悅討暴定傾則無罪之人附今不征伐則暴害不息不備則是以黎民委敵也春秋貶諸侯之後刺不卒戍行役戍備自古

有之非獨今也賢良曰匈奴之地廣大而戎馬之足輕利其勢易騷動也利則虎曳病則鳥折辟鋒銳而牧罷極少發則不足以更適多發則民不堪其役役煩則力罷用多則財乏二者不息則民遺怨此秦之所失民心隕社稷也古者天子封畿千里繇役五百里勝聲相聞疾病相恤無過時之師無踰時之役内節於民心而事適其力是以行者勸務而止者安業今山東之戎馬甲士戍邊郡者絶殊遼遠身在胡越心懷老母老母垂泣室婦悲恨推其飢渴念其寒苦詩云昔我往矣楊栁依依我今来思雨雪霏霏行道

遲遲載渴載飢我心傷悲莫之我哀故聖人憐其如此閔其久去父母妻子暴露中野居寒苦之地故春使使者勞賜舉失職者所以哀遠民而慰撫老母也德惠甚厚而吏未稱奉職承詔以存恤或侵侮士卒與之爲市并力兼作使之不以理故也士卒失職而老母妻子感恨也宋伯姬愁思而宋國火魯妾不得意而魯寢災今天下不得其意者非獨西宮之女宋之老母也春秋動衆則書重民也宋人圍長葛譏久役也君子之用心必若是大夫默然不對

執務第三十九

丞相曰先王之道軼人而難復賢良文學之言深遠而難行夫稱上聖之高行道至德之美言非當世之所能及也願聞方今之急務可復行於政使百姓咸足於衣食無乏困之憂風雨時五穀熟螟螣不生天下安樂盜賊不起流人還歸各反其田里吏皆廉正故以奉職元元各得其理也賢良曰孟子曰堯舜之道非遠人也而人不思之耳詩云求之不得寤寐思服有求如關雎好德如河廣何不濟不得之有故高山仰止景行行止雖不能及離道不遠也顏淵曰舜獨何人也回何人也夫思賢慕能從善不休則成康

之俗可致而唐虞之道可及公卿未思也先王之道
何遠之有齊桓公以諸侯思王政憂周室匡諸夏之
難平夷狄之亂存亡接絶信義大行著于天下邵陵
之會予之爲主傳曰予積也故土積而成山阜水積
而成江海行積而成君子孔子曰吾於河廣知德之
至也而欲得之各反其本復諸古而已古者行役不
踰時春行秋反秋行春來寒暑未變衣服不易固已
還矣夫婦不失時人安和如適獄訟平刑罰得則陰
陽調風雨時上不苛擾下不煩勞各修其業安其性
則螟螣不生而水旱不起賦斂省而農不失時則百

姓足而流人歸其田里上清靜而不欲則下廉而不貪若今則繇役極遠盡寒苦之地危難之處涉胡越之域今茲往而來歲旋父母延頸而西望男女怨曠而相思身在東楚志在西河故一人行而鄉曲恨一人死而萬人悲詩云王事靡盬不能藝稷黍父母何怙念彼恭人涕零如雨豈不懷歸畏此罪罟吏不奉法以存撫倍公任私各以其權充其嗜欲人愁苦而怨思上不恤理則惡政行而邪氣作邪氣作則蟲螟生而水旱起若此雖禱祀雩祝用事百神無時豈能調陰陽而息盜賊矣

能言第四十

大夫曰盲者口能言白黑而無目以別之儒者口能言治亂無能以行之夫坐言不行則牧童兼烏獲之力逢須苞堯舜之德故使言而近則儒者何患於治亂而盲人何患於白黑哉言之不出恥躬之不逮故卑而言高能言而不能行者君子恥之矣賢良曰能言而不能行者國之寶也能行而不能言者國之用也兼此二者君子也無一者烏獲逢須也言滿天下德覆四海周公是也口言之躬行之豈若默然載施其行而已則執事亦何患何恥之有今道不舉而務

小利慕於不急以亂羣意君子雖貧勿爲可也藥酒病之利也正言治之藥也公卿誠能自強自忍食文學之至言去權詭罷利官一歸之於民親以周公之道則天下治而頌聲作儒者安得治亂而患之乎

鹽鐵取下第四十一

大夫曰不軌之民困橈公利而欲擅山澤從文學賢良之意則利歸於下而縣官無可爲者上之所行則非之上之所言則譏之專欲損上徇下虧主而適臣尚安得上下之義君臣之禮而何頌聲能作也賢良曰古者上取有量自養有度樂歲不盜年饑則肆用

民之力不過歲三日籍歛不過十一君篤愛臣盡力上下交讓天下平浚發爾私上讓下也遂及我私先公職也孟子曰未有仁而遺其親義而後其君也君君臣臣何爲其無禮義乎及周之末塗德恵塞而嗜欲衆君奢侈而上求多民困於下怠於公乎是以有履畝之稅碩鼠之詩作也衛靈公當隆冬興衆穿池海春諫曰天寒百姓凍餒願公之罷役也公曰天寒哉我何不寒哉人之言曰安者不能恤危飽者不能食饑故餘粱肉者難爲言隱約處佚樂者難爲言勤苦夫高堂邃宇廣厦洞房者不知專屋狹廬上漏下

濕者之廇也繫馬百駟貨財充內儲陳納新者不知有旦無暮稱貸者之急廣第唐園良田連比者不知無運踵之業竄鼠頭宅者之役也原馬被山牛羊滿谷者不知無孤豚瘠犢者之窶也高枕談卧無叫號者不知憂私責與吏正戚者之愁也被紈躡韋搏粱齧肥者不知短褐之寒糠粘之苦也從容房闈之間垂拱持案食者不知蹠耒躬耕者之勤也乘堅驅良列騎成行者不知負檐步行者之難也同牀旃席侍御滿側者不知負輅輓船登高絕流者之難也衣輕暖被英裘處温室載安車者不知乘邊城飄胡代鄉清

風者之危寒也妻子好合子孫保之不知老母之顛
顇匹婦之悲恨也耳聽五音目視弄優者不知蒙流
矢距敵方外之死者也東嚮伏几振筆如文調者不
知求索之急箠楚之痛者也坐旃茵之上安圖籍之
言若易然亦不知步涉者之難也昔商鞅之任秦也
刑人若刈菅茅用師若彈丸從軍旅者暴骨長城戍
漕者輦車相望生而往死而旋彼獨非人子耶故君
子仁以恕義以度所好惡與天下共之所不施不仁
者公劉好貨居者有積行者有囊大王好色內無怨
女外無曠夫文王作刑國無怨獄武王行師士樂為

之死民樂爲之用若斯則民何苦而怨何求而譏公卿愀然寂若無人於是遂罷議止詞奏曰賢良文學不明縣官事猥以鹽鐵而爲不便請且罷郡國榷沽關内鐵官奏可

擊之第四十二

賢良曰文學既拜咸取列大夫辭丞相御史大夫曰前議公事賢良文學稱引往古頗乖世務論者不必相反期於可行往者縣官未事胡越之時邊城四面受敵北邊尤被其苦先帝絕三方之難撫從方國以爲蕃蔽窮極郡國以討匈奴匈奴壞界獸圈孤弱無

與此困亡之時也遼遠不遂使得復喘息休養士馬負給西域西域迫近胡寇沮心内解必爲巨患是以主上欲掃除煩倉廩之費也終日逐禽罷而釋之則非計也蓋舜紹緒禹成功今欲以小舉擊之何如文學曰異時縣官修輕賦公用饒人富給其後保胡越通四夷費用不足於是興利害筭車舡以訾助邊贖罪告緡與人以患矣甲士死於軍旅中士罷於轉漕仍之以科適吏徵發極矣夫勞而息之極而反本古之道也雖舜禹興不能易也大夫曰昔夏后底洪水之災百姓孔勤罷於籠臿及至其後咸享其功先帝

之時郡國頗煩於戎事然亦寬三陲之役語曰見機不遂者隕功一日違敵累世爲患休勞用供因弊乘時帝王之道聖賢之所不能失也功業有緒惡勞而不卒猶耕者勸休而困止也夫事輟者無功耕怠者無獲也文學曰地廣而不得者國危兵强而凌敵者身亡虎兕相據而螻蟻得志兩敵相機而匹夫乘閒是以聖王見利慮害見遠存近方今爲縣官計者莫若偃兵休士厚幣結和親修文德而已若不恤人之急不計其難弊持以窮無用之地亡十獲一非文學之所知也

鹽鐵論卷第七

鹽鐵論卷第八

結和第四十三

大夫曰漢興以來修好結和親所聘遺單于者甚厚然不紀重質厚賂之故改節而暴害滋甚先帝覩其可以武折而不可以德懷故廣將帥招奮擊以誅厥罪功勳粲然著於海內藏於記府何命亡十獲一乎夫偷安者後危慮近者憂邇賢者離俗智士權行君子所慮衆庶疑焉故民可與觀成不可與圖始此有

司所獨見而文學所不覩文學曰往者匈奴結和親諸夷納貢即君臣外内相信無胡越之患當此之時上求寡而易贍民安樂而無事耕田而食桑麻而衣家有數年之稸縣官餘貨財閭里耆老或及其澤自是之後退文任武苦師勞衆以畧無用之地立郡沙石之間民不能自守發屯乘城輓輦而贍之愚竊見其亡不覩其成大夫曰匈奴以虛名市於漢而實不從數爲蠻貊所紿不痛之何故也高皇帝仗劍定九州今以九州而不行於匈奴閭里常民尚有梟散況萬里之主與小國之匈奴乎夫以天下之力勤何不

權以天下之士民何不服令有帝名而威不信長城反賂遺而尚踞敖此五帝所不忍三王所畢怒也文學曰湯事夏而卒服之周事殷而卒滅之故以大御小者王以強凌弱者亡聖人不困其衆以兼國良御不困其馬以兼道故造父之御不失和聖人之治不倍德秦攝利銜以御宇内執脩箠以笞八極驂服以罷而鞭策愈加故有傾銜遺箠之變士民非不衆力勤非不多也皆内倍外附而莫爲用此高皇帝所以仗劍而取天下也夫兩主好合内外交通天下安寧世世無患士民何事三王何愁焉大夫曰伯翳之始

封秦地爲七十里穆公開霸孝公廣業自卑至上自小至大故先祖基之子孫成之軒轅戰涿鹿殺兩皞蚩尤而爲帝湯武伐夏商誅桀紂而爲王黃帝以戰成功湯武以伐成孝故手足之勤腹腸之養也當世之務後世之利也今四夷內侵不攘萬世必有此長患先帝興義兵以誅暴強東滅朝鮮西定冉駹南擒百越北挫強胡李牧追匈奴以廣北州湯武之舉蚩尤之兵也故聖主斥地非私其利用兵非徒奮怒也所以匡難辟害以爲黎民遠慮文學曰秦南禽勁越北卻強胡竭中國以役四夷人罷極而主不恤國內

潰而上不知是以一夫倡而天下和兵破陳涉地奪諸侯何嗣之所利詩云雍雍鳴鳱旭日始旦登得前利不念後咎故吳王知伐齊之便而不知干遂之患秦知進取之利而不知鴻門之難是以知一而不知十也周謹小而得大秦欲大而亡小語曰前車覆後車戒殷監不遠在夏后之世矣

誅秦第四十四

大夫曰秦楚燕齊周之封國也三晉之君齊之田氏諸侯家臣也內守其國外伐不義地廣壤進故立號萬乘而爲諸侯宗周室脩禮長文然國翦弱不能自

存東攝六國西畏於秦身以放遷宗廟絕祀賴先帝大惠紹興其後封嘉潁川號周子男君秦既并天下東絕沛水并濊朝鮮南取陸梁北却胡狄西略氐羌立帝號朝四夷舟車所通足迹所及靡不畢至非服其德畏其威也力多則人朝力寡則朝於人矣文學曰禹舜堯之佐也湯文夏商之臣也其所以從八極而朝海內者非以陸梁之地兵革之威也秦楚三晉號萬乘不務積德而務相侵搆兵爭強而卒俱亡雖以進壤廣地如食前之充腸也欲其安存何可得也夫禮讓爲國者若江海流彌久不竭其本美也苟爲

無本若蒿火暴怒而無繼其亡可立而待戰國是也
周德衰然後列於諸侯至今不絕秦力盡而滅其族
安得朝人也大夫曰中國與邊境猶支體與腹心也
夫肌膚寒於外腹腸疾於內內外之相勞非相爲助
也唇亡則齒寒支體傷而心憯怛故無手足則支體
廢無邊境則內國害昔者戎狄攻太王於邠踰岐梁
而與秦界於涇渭東至晋之陸渾侵暴中國中國疾
之今匈奴蠶食內侵遠者不離其苦獨邊境蒙其敗
詩云憂心慘慘念國之爲虐不征備則暴害不息故
先帝興義兵以征厥罪遂破祁連天山散其聚黨北

畧至龍城大圍匈奴單于失魂僅以身免羣奔遂北斬首捕虜十餘萬控弦之民旃裘之長莫不沮膽摧折遠遁遂乃振旅渾耶率其衆以降置五屬國以距胡則長城之內河山之外罕被寇菑於是下詔令減戍漕寬繇役初雖勞苦卒獲其慶文學曰周累世積德天下莫不願以爲君故不勞而王恩施由近及遠而蠻貊自至秦任戰勝以并天下小海內而貪胡越之地使蒙恬擊胡取河南以爲新秦而亡其故秦築長城以守胡而亡其所守往者兵革亟動師旅數起長城之北旋車遺鏃相望及李廣利等輕計還馬足

莫不寒心雖得渾耶不能更所亡此非社稷之至計也

伐功第四十五

大夫曰齊桓公越燕伐山戎破孤竹殘令支趙武靈王踰句注過代谷略滅林胡樓煩燕襲走東胡辟地千里度遼東而攻朝鮮蒙公為秦擊走匈奴若鷙鳥之追羣雀匈奴勢慴不敢南面而望十餘年及其後蒙公死而諸侯叛秦中國擾亂匈奴紛紛乃敢復為邊寇夫以小國燕趙尚猶却寇虜以廣地今以漢國之大士民之力非特齊桓之衆燕趙之師也然匈奴

久未服者羣臣不并力上下未諧故也文學曰古之用師非貪壤土之利救民之患也民思之若旱之望雨簞食壺漿以逆王師故憂人之患者民一心而歸之湯武是也不愛民之死力盡而潰叛者秦王是也孟子曰君不鄉道不由仁義而爲之強戰雖克必亡此中國所以擾亂非蒙恬死而諸侯叛秦昔周室盛也越裳氏來獻百蠻致貢其後周衰諸侯力征蠻貊分散各有聚黨莫能相一是以燕趙能得意焉其後匈奴稍強蠶食諸侯故破走月支氏因兵威徙小國引弓之民并爲一家一意同力故難制也前君爲先

帝畫匈奴之策兵據西域奪之便勢之地以候其變以漢之強攻於匈奴之衆若以強弩潰癰疽越之禽吳豈足道哉上以爲然用君之義聽君之計雖越王之任種蠡不過以搜粟都尉爲御史大夫持政十有餘年未見種蠡之功而見靡弊之效匈奴不爲加俛而百姓黎民以敝矣是君之策不能弱匈奴而反衰中國也善爲計者固若此乎

西域第四十六

大夫曰往者匈奴據河山之險擅田牧之利民富兵強行入爲寇則句注之内驚動而上郡以南咸城文

帝時虜入蕭關烽火通甘泉群臣懼不知所出乃請屯京師以備胡胡西役大宛康居之屬南與群羌通先帝推讓斥奪廣饒之地建張掖以西隔絕羌胡瓜分其援是以西域之國皆內拒匈奴斷其右臂曳劒而走故募人田畜以廣用長城以南濱塞之郡馬牛放縱蓄積布野未覩其計之所過也夫以弱越而遂意強吳才地計衆非鈞也主思臣謀其往必矣文學曰吳越迫於江海三川循環之處於五湖之間地相迫壤相次其勢易以相禽也金鼓未聞旌旗未舒行陣未定兵以接矣師無輜重之費士無乏絕之勞此

所謂食於廚倉而戰於門郊者也今匈奴牧於無窮之澤東西南北不可窮極雖輕車利馬不能得也況負重羸兵以求之乎其勢不相及也茫茫乎若行九皐未知所止皓皓乎若無網羅而漁江海雖及之三軍罷弊適遺之餌也故明王知其所無利以爲役不可數行而權不可久張也故詔公卿大夫賢良文學所以復枉興微之路公卿宜思百姓之急匈奴之害緣聖主之心定安平之業今乃留心於末計雖本議不順上意未爲盡於忠也大夫曰初貳師不克宛而還也議者故使人主不遂忿則西域皆旡解而附於

胡胡得衆國而益強先帝絕奇聽行武威還襲宛宛舉國以降效其器物致其寶馬烏孫之屬駭膽請爲臣妾匈奴失魄奔走遁逃雖未盡服遠處寒苦墝埆之地壯者死於祁連天山其孤未復故羣臣議以爲匈奴困於漢兵折翅傷翼可遂擊服會先帝棄羣臣以故匈奴不革譬如爲山未成一簣而止度功業而無斷成之理是棄與胡而資強敵也輟幾且成爲主計若斯亦未可謂盡忠也文學曰有司言外國之事議者皆激一時之權不慮其後張騫言大宛之天馬汗血安息之真玉大鳥縣官既聞如甘水焉乃大興

師伐宛歷數期而後克之夫萬里而攻人之國兵未戰而物故過半雖破宛得寶馬非計也當此之時將卒方赤面而事四夷師旅相望郡國並發黎人困苦姦僞萌生盜賊並起守尉不能禁城邑不能止然後遣上大夫衣繡衣以興擊之當此時百姓元元莫必其命故山東豪傑頗有異心賴先帝聖靈斐然其咎皆在於欲畢匈奴而遠幾也爲主計若此可謂忠乎

世務第四十七

大夫曰諸生妄言議者令可詳用無徒守椎車之語滑稽而不可修夫漢之有匈奴譬若木之有蠹如人

有疾不治則寖以深故謀臣以爲擊奪以困極之諸生言以德懷之此有其語而不可行也諸生上無以似三王下無以似近秦令有司可舉而行當世安蒸庶而寧邊境者乎文學曰昔齊桓公內附百姓外綏諸侯存亡接絕而天下從風其後德虧行衰葵丘之會振而矜之叛者九國春秋刺其不崇德而崇力也故任德則强楚告服遠國不召而自至任力則近者不親小國不附此其效也誠上觀三王之所以昌下論秦之所以亡中述齊桓所以興去武行文廢力尚德罷關梁除障塞以仁義導之則北垂無寇虜之憂

中國無干戈之事矣大夫曰事不豫辦不可以應卒內無備不可以禦敵詩云詰爾民人謹爾侯度用戒不虞故有文事必有武備昔宋襄公倍楚而不備以取大辱焉身執囚而國幾亡故雖有誠信之心不知權變危亡之道也春秋不與夷狄中國爲禮爲其無信也匈奴貪狼因時而動乘可而發飇舉電至而欲以誠信之心金帛之寶而信無義之詐是猶親蹠蹻而扶猛虎也文學曰春秋王者無敵言其仁厚其德美天下賓服莫敢受交也德行延及方外舟車所臻足迹所及莫不被澤蠻貊異國重譯自至方此之時

天下和同君臣一德外内相信上下輯睦兵設而不試干戈閉藏而不用老子曰兕無所用其角蝥蠚無所輸其毒故君仁莫不仁君義莫不義世安得跖蹻而親之乎大夫曰布心腹質情素信誠内感義形乎色宋華元楚司馬子反之相覩也符契内合誠有以相信也今匈奴挾不信之心懷不測之詐見利如前乘便而起潛進市側以襲無備是猶措重寶於道路而莫之守也求其不亡何可得乎文學曰誠信著乎天下醇德流乎四海則近者哥謳而樂之遠者執禽而朝之故正近者不以威來遠者不以武德義修而

任賢良也故民之於事辭佚而就勞於財也辭多而就寡上下交讓道路鴈行方此之時賤貨而貴德重義而輕利賞之不竊何寶之守也

和親第四十八

大夫曰昔徐偃行王義而滅好儒而削知文而不知武知一而不知二故君子篤仁以行然必築城以自守設械以自備爲不仁者之害已也是以古者蒐獮振旅而數軍實焉恐民之愉佚而忘戒難故兵革者國之用城壘者國之固也而欲罷之是去表見裏示匈奴心腹也匈奴輕舉潛進以襲空虛是猶不介而

當矢石之蹊禍必不振此邊境之所懼而有司之所憂也文學曰往者通關梁交有無自單于以下皆親漢内附往來長城之下其後王恢誤謀馬邑匈奴絕和親故當路結禍紛拏而不解兵連而不息邊民不解甲弛弩行數十年介胄而耕耘鉏耰而候望燧燔烽舉丁壯弧弦而出鬬老者超越而入葆言之足以流涕寒心則仁者不忍也詩云投我以桃報之以李未聞善往而有惡來者故君子敬而無失與人恭而有禮四海之内皆爲兄弟也故内省不疚夫何憂何懼大夫曰自春秋諸夏之君會聚相結三會之後乖

離相疑伐戰不止六國從親冠帶相接然未嘗有堅約況禽獸之國乎春秋存君在楚誥黽之會書公紿夷狄也匈奴數和親而常先犯約貪侵盜驅長詐謀之國也反復無信百約百叛若朱象之不移商均之不化而欲信其用兵之備親之以德亦難矣文學曰王者中立而聽乎天下德施方外絕國殊俗臻於闕庭鳳皇在列樹麒麟在郊藪群生庶物莫不被澤非足行而仁辦之也推其仁恩而皇之誠也范蠡出於越由余長於胡皆爲霸王賢佐故政有不從之教而世無不可化之民詩云酌彼行潦挹彼注茲故公劉

處戎狄戎狄化之大王去豳豳民隨之周公修德而越裳氏來其從善如影響爲政務以德親近何憂於彼之不砇

鹽鐵論卷第八

鹽鐵論卷第九

繇役第四十九

大夫曰屠者解分中理可横以手而離也至其抽筋鑿骨非行金斧不能决聖主循性而化有不從者亦將舉兵而征之是以湯誅葛伯文王誅犬夷及後戎狄猾夏中國不寧周宣王仲山甫式遏寇虐詩云薄伐獫狁至于太原出車彭彭城彼朔方自古明王不能無征伐而服不義不能無城壘而禦强暴也文學

曰舜執干戚而有苗服文王底德而懷四夷詩云鎬京辟廱自西自東自南自北無思不服普天之下惟人面之倫莫不引領而歸其義故畫地爲境人莫之犯子曰白刃可冒中庸不可入至德之謂也故善攻不待堅甲而克善守不待渠梁而固武王之伐殷也執黃鉞誓牧之野天下之士莫不願爲之用旣而偃兵搢笏而朝天下之民莫不願爲之臣旣以義取之以德守之秦以力取之以法守之本末不得故亡夫文猶可長用而武難久行也大夫曰詩云玁狁孔熾我是用戒武夫潢潢經營四方故守禦征伐所由來

久矣春秋譏戎驪未至豫禦之故四支強而躬體固

華葉茂而本根據故飭四境所以安中國也發戍漕

所以審勞佚也主憂者臣勞上危者下死先帝憂百

姓不贍出禁錢解乘輿驂貶樂損膳以賑窮備邊費

未見報施之義而見沮成之理非所聞也文學曰周

道衰王迹熄諸侯爭強大小相凌是以強國務侵弱

國設備甲士勞戰陣役於兵革故君勞而民困苦也

今中國為一統而方內不安徭役遠而外內煩也古

者無過年之繇無踰時之役今近者數千里遠者過

萬里歷二期長子不還父母愁憂妻子詠歎憤懣之

恨發動於心慕思之積痛於骨髓此杕杜采薇之所爲作也

險固第五十

大夫曰虎兕所以能執熊羆服羣獸者爪牙利而攫便也秦所以超諸侯吞天下并敵國者險阻固而勢居然也故龜猖有介狐貉不能禽蝮蛇有螫人忌而不輕故有備則制人無備則制於人故仲山甫補衮職之闕蒙公築長城之固所以備寇難而折衝萬里之外也今不固其外欲安其内猶家人不堅垣牆狗吠夜驚而闇眛安行也文學曰秦左殽函右隴阺前

蜀漢後山河四塞以爲固金城千里良將勇士設利器而守陘隧墨子守雲梯之械也以爲雖湯武復生蚩尤復起不輕攻也然戍卒陳勝無將帥之任師旅之衆奮空拳而破百萬之師無牆籬之難故在德不在固誠以行義爲阻道德爲塞賢人爲兵聖人爲守則莫能入如此則中國無狗吠之警而邊境無鹿駭狼顧之憂矣夫何妄行而之乎大夫曰古者爲國必察土地山陵阻險天時地利然後可以王霸故制地城郭飭溝壘以禦寇固國春秋曰冬浚洙脩地利也三軍順天時以實擊虛然固於阻險敵於金城楚莊

之圍宋秦師敗崤嶔崟是也故曰天時地利羌胡固近於邊今不敢取必爲四境長患此季孫之所以憂顓臾有勾踐之變而爲強吳之所悔也文學曰地利不如人和武力不如文德周之致遠不以地利以人和也百世不奪非以險以德也吳有三江五湖之難而兼於越楚有汝淵滿堂之固而滅於秦秦有隴阺崤塞而亡於諸侯晉有河華九河而奪於六卿齊有泰山巨海而負於田常桀紂有天下兼於濟亳秦王以六合困於陳涉非地利不固無術以守之也釋邇憂遠猶吳不內定其國而西絕淮山與齊晉爭強也

越因其罷擊其虛使吳王用申胥修德無恃極其衆則勾踐不免爲藩臣海崖何謀之敢慮也大夫曰楚自巫山起方城屬巫黔中設扞關以拒秦秦包商洛崤函以禦諸侯韓阻宜陽伊闕要成臯太行以安周鄭魏濱洛築城阻山帶河以保晉國趙結飛狐句注孟門以存荆代燕塞碣石絕邪谷繞援遼齊撫阿甄關榮歷倚太山負海河渠關者邦國之固而山川社稷之寶也徐人滅舒春秋謂之取惡其無備得物之易也故恤來兵仁傷刑君子爲國必有不可犯之難易曰重門擊柝以待暴客言備之素脩也文學曰阻

險不如阻義昔湯以七十里爲政於天下舒以百里亡於敵國此其所以見惡也使關梁足恃六國不兼於秦河山足保秦不亡於楚漢由此觀之衝隆不足爲強高城不足爲固行善則昌行惡則亡王者博愛遠施外内合同四海各以其職來祭何擊拓而待傳曰諸侯之有關梁庶人之有爵祿非升平之興蓋自戰國始也

論勇第五十一

大夫曰荆軻懷數年之謀而事不就者三尺匕首不足恃也秦王憚於不意列斷貫育介七尺之利也使

專諸空拳不免於爲禽要離無水不能遂其功世言
強楚勁鄭有犀兕之甲棠谿之鋋也内據金城外任
利兵是以威行諸夏強服敵國故孟賁奮臂衆人輕
之怯夫有備其氣自倍況以吳楚之士舞利劍蹶強
弩以與貉虜騁於中原一人當百不足道也夫如此
則胡無守谷谿無交兵力不支漢其勢必降此商君
之走魏而孫臏之破梁也文學曰楚鄭之棠谿墨陽
非不利也犀軸兕甲非不堅也然而不能存者利不
足恃也秦兼六國之師據崤函而御宇内金石之固
莫耶之利也然陳勝無士民之資甲兵之用鉏耰棘

櫑以破衝隆武昭不擊鳥號不發所謂金城者非謂築壤而高土鑿地而深池也所謂利兵者非謂吳越之鋋干將之劍也言以道德為城以仁義為郭莫之敢攻莫之敢入文王是也以道德為胄以仁義為劍莫之敢當莫之敢御湯武是也今不建不可攻之城不可當之兵而欲任匹夫之役而行三尺之刃亦細矣大夫曰荆軻提匕首入不測之強秦秦王惶恐失守備衛者皆懼專諸手劍歷萬乘刺吳王尸孽立正鎬冠千里聶政自衛由韓廷刺其主功成求得退自刑於朝暴尸於市今誠得勇士乘強漢之威凌無義

之匈奴制其死命責以其過若曹劌之負齊桓公遂
其求推鋒拊銳穹廬擾亂上下相遁因以輕銳隨其
後匈奴必交臂不敢格也文學曰湯得伊尹以區區
之亳兼臣海內文王得太公廓酆鄗以爲天下齊桓
公得管仲以霸諸侯秦穆公得由余西戎八國服聞
得賢聖而蠻貊來享未聞劫殺人主以懷遠也詩云
惠此中國以綏四方故自彼氐羌莫敢不來王非畏
其威畏其德也故義之服無義疾於原馬良弓德之
召遠疾於馳傳重驛

論功第五十二

大夫曰匈奴無城廓之守溝池之固脩戟強弩之用倉廩府庫之積上無義法下無文理君臣嫚易上下無禮織柳為室旃廗為蓋素弧骨鏃馬不粟食内則備不足畏外則禮不足稱夫中國天下腹心賢士之所總禮義之所集財用之所殖也夫以智謀愚以義伐不義若因秋霜而振落葉春秋曰桓公之興戎狐驅之爾況以天下之力乎文學曰匈奴車器無銀黄絲漆之飾素成而務堅絲無文采裾褘曲襟之制都成而務完男無刻鏤奇巧之事宮室城郭之功女無綺繡淫巧之貢纖綺羅紈之作事省而致用易成而

難弊雖無脩戟強弩戎馬良弓家有其備人有其用一旦有急貫弓上馬而已資糧不見案首而支數十日之食因山谷爲城郭因水草爲倉廩法約而易辨求寡而易供是以刑省而不犯指麾而令從嫚於禮而篤於信畧於文而敏於事故雖無禮義之書刻骨卷衣百官有以相記而君臣上下有以相使群臣爲縣官計者皆言其易而實難是以秦欲驅之而反更亡也故兵者凶器不可輕用也其以強爲弱以存爲亡一朝爾也大夫曰魯連有言秦權使其士虜使其民故政急而不長高皇帝受命平暴亂功德巍巍惟

天同大焉而文景承緒潤色之及先帝征不義攘無
德以昭仁聖之路純至德之基聖王累年仁義之積
也今文學引亡國失政之治而況之於今其謂匈奴
難圖宜矣文學曰有虞氏之時三苗不服禹欲伐之
舜曰是吾德未喻也退而脩政而三苗服不牧之地
不羈之民聖王不加兵不事力焉以爲不足煩百姓
而勞中國也今明主脩聖緒宣德化而朝有權使之
謀尚首功之事臣固怪之夫人臣席天下之勢奮國
家之用身享其利而不顧其主此尉佗章邯所以成
王秦失其政也孫子曰今夫國家之事一日更百變

然而不亡者可得而革也逮出兵平原廣牧鼓鳴矢流雖有堯舜之知不能更也戰而勝之退脩禮義繼三代之迹仁義附矣戰勝而不休身死國亡者吳王是也大夫曰順風而呼者易爲氣因時而行者易爲力文武懷餘力不爲後嗣計故三世而德衰昭王南征死而不還凡伯囚執而使不通晉取郊沛王師敗於茅戎今西南諸夷楚莊之後朝鮮之王燕之亡民也南越尉佗起中國自立爲王德至薄然皆亡天下之大各自以爲一州倔強倨敖自稱老夫先帝爲萬世慮恐有冀州之累南荆之患於是遣左將軍樓

舩平之兵不血刃咸爲縣官也七國之時皆據萬乘南面稱王提衎爲敵國累世然終不免首係虜於秦今匈奴不當漢家之臣郡非有六國之用賢士之謀由此觀難易察然可見也文學曰秦滅六國虜七王沛然有餘力自以爲蚩尤不能害黃帝不能斥及二世弑死望夷子嬰係頸降楚曾不得七王之俛首使六國並存秦尚爲戰國未亡也何以明之自孝公以至于始皇世世爲諸侯雄百有餘年及兼天下十四歲而亡何則外無敵國之變而內自縱恣也自非聖人得志而不驕佚者未之有也

論鄒第五十三

大夫曰鄒子疾晩世之儒墨不知天地之弘昭曠之道將一曲而欲道九折守一隅而欲知萬方猶無準平而欲知高下無規矩而欲知方圓也於是推大聖終始之運以喻王公列士中國名山通谷以至海外所謂中國者天下八十分之一名曰赤縣神州而分爲九州絶陵陸不通乃爲一州有八瀛海圜其外此所謂八極而天下際焉禹貢亦著山川高下原隰而不知大道之遥故秦欲達九州而方瀛海牧胡而朝萬國諸生守畦畝之慮閭巷之固未知天下之義也

文學曰堯使禹爲司空平水土隨山刋木定高下而序九州鄒衍非聖人作怪誤惑六國之君以納其說此春秋所謂匹夫熒惑諸侯者也孔子曰未能事人焉能事鬼神近者不達焉能知瀛海故無補於用者君子不爲無益於治者君子不由三王信經道而德光於四海戰國信嘉言破亡而泥山昔秦始皇已吞天下欲并萬國亡其三十六郡欲達瀛海而失其州縣知大義如斯不如守小計也

論菑第五十四

大夫曰巫祝不可與並祀諸生不可與逐語信往疑

令非人自是夫道古者稽之今言遠者合之近日月
在天其徵在人菑異之變夭壽之期陰陽之化四時
之叙水火金木妖祥之應鬼神之靈祭祀之福日月
之行星辰之紀曲言之故何所本始不知則默無苟
亂耳文學曰始江都相董生推言陰陽四時相繼父
生之子養之母成之子藏之故春生仁夏長德秋成
義冬藏禮此四時之序聖人之所則也刑不可任以
成化故廣德教言遠必考之邇故内恕以行是以刑
罰若加於己勤勞若施於身又安能忍殺其赤子以
事無用罷弊所恃而達瀛海乎蓋越人美嬴蚌而簡

太宰鄙夫樂咋唶而怪韶濩故不知味者以芬香爲臭不知道者以美言爲亂耳人無夭壽各以其好惡爲命羿敖以功力不得其死智伯以貪狼亡其身天菑之證禎祥之應猶施與之望報各以其類及故好行善者天助以福符瑞是也易曰自天祐之吉無不利好行惡者天報以禍妖菑是也春秋曰應是而有天菑周文武尊賢受諫敬戒不殆純德上休神祇相况詩云降福攘攘降福簡簡日者陽陽道明月者陰陰道冥君尊臣卑之義故陽先盛於上衆陰之類消於下月望於天蚌蛤盛於淵故臣不臣則陰陽不調

日月有變政教不均則水旱不時螟螣生此災異之應也四時代叙而人則其功星列於天而人象其行常星猶公卿也衆星猶萬民也列星正則衆星齊常星亂則衆星墜矣大夫曰文學言剛柔之類五勝相代生易明於陰陽書長於五行春生夏長故火生於寅木陽類也秋生冬死故水生於申金陰物也四時五行迭廢迭興陰陽異類水火不同器金得土而成得火而死金生於巳何説何言然乎文學曰兵者凶器也甲堅兵利爲天下殃以母制子故能久長聖人法之厭而不陽詩云載戢干戈載櫜弓矢我求懿德

肆于時夏衰世不然逆天道以快暴心僵尸血流以
爭壤土牢人之君滅人之祀殺人之子若絶草木刑
者肩靡於道以已之所惡而施於人是以國家破滅
身受其殃秦王是也大夫曰金生於巳刑罰小加故
薺麥夏死易曰履霜堅氷至秋始降霜草木隕零合
冬行誅萬物畢藏春夏生長利以行仁秋冬殺藏利
以施刑故非其時而樹雖生不成秋冬行德是謂逆
天道月令凉風至殺氣動蜻蛚鳴衣裘成天子行微
刑始貙蔞以順天令文學曰同四時合陰陽尚德而
除刑如此則鷹隼不鷙猛獸不攫秋不蒐獮冬不田

狩者也文學曰天道好生惡殺好賞惡罰故使陽居於實而宣德施陰藏於虛而爲陽佐輔陽剛陰柔季不能加孟此天賤冬而貴春申陽屈陰故王者南面而聽天下背陰向陽前德而後刑也霜雪晚至五穀猶成雹霧夏隕萬物皆傷由此觀之嚴刑以治國猶任秋冬以成穀也故法令者治惡之具也而非至治之風也是以古者明王茂其德教而緩其刑罰也網漏吞舟之魚而刑審於繩墨之外及臻其末而民莫犯禁也

鹽鐵論卷第九

鹽鐵論卷第十

刑德第五十五

大夫曰令者所以教民也法者所以督姦也令嚴而民慎法設而姦禁罔疏則獸失法疏則罪漏罪漏則民放佚而輕犯禁故禁不必法夫徼倖誅誠蹠蹻不犯是以古者作五刑刻肌膚而民不踰矩文學曰道德衆人不知所由法令衆民不知所辟故王者之制法昭乎如日月故民不迷曠乎若大路故民不惑幽

隱遠方折手知足室女童婦咸知所避是以法令不
犯而獄犴不用也昔秦法繁於秋荼而網密於凝脂
然而上下相遁姦僞萌生有司法之若救爛撲焦不
能禁非網疏而罪漏禮義廢而刑罰任也方今律令
百有餘篇文章繁罪名重郡國用之疑惑或淺或深
自吏明習者不知所處而況愚民乎律令塵蠹於棧
閣吏不能徧覩而況於愚民乎此斷獄所以滋衆而
民犯禁也宜犴宜獄握粟出卜自何能穀刺刑法繁
也親服之屬甚衆上附下附而服不過五五刑之屬
三千上殺下殺而罪不過五故治民道務篤其教而

巳大夫曰文學言王者立法曠若大路今馳道不小
也而民公犯之以其罰罪之輕也千仞之高人不輕
夌千鈞之重人不輕舉商君刑棄灰於道而秦民治
故盜馬者死盜牛者加所以重本而絕輕疾之資也
武兵名食所以佐邊而重武備也盜傷與殺同罪所
以累其心而責其意也猶魯以楚師伐齊而春秋惡
之故輕之爲重淺之爲深有緣而然法之微者固非
衆人之所知也文學曰詩云周道如砥其直如矢言
其易也君子所履小人所視言其明也故德明而易
從法約而易行今馳道經營陵陸紆周天下是以萬

里爲民穽也罻羅張而縣其谷辟陷設而當其蹊蹻弋飾而加其上雖勿離乎聚其所欲開其所利仁義陵遲能勿踰乎故其末途至於攻城入邑損府庫之金盜宗廟之器豈特千仞之高千鈞之重哉管子曰四維不張雖臯陶不能爲士故德教廢而詐僞行禮義壞而姦邪興言無仁義也仁者愛之效也義者事之宜也故君子愛仁以及物治近以及遠傳曰凡生之物莫貴於人人主之所貴莫重於人故天之生萬物以奉人也主愛人以順天也聞以六畜禽獸養人未聞以所養害人者也魯廄焚孔子罷朝問人不問

馬賤畜而重人也今盜馬者罪死盜牛者加乘騎車馬馳行道中吏舉苛而不止以爲盜馬而罪亦死今傷人持其刀劒而亡亦可謂盜武庫兵而殺之乎人主立法而民犯之亦可以爲逆面輕主約乎深之可以死輕之可以免非法禁之意也法者緣人情而制非設罪以陷人也故春秋之治獄論心定罪志善而違於法者免志惡而合於法者誅念傷民未有所害志不甚惡而合於法者謂盜而傷人者耶將執法者過耶何於人心不厭也古者傷人有創者刑盜有臧者罰殺人者死今取人兵刃以傷人罪與殺人同得

無非其至意與大夫俛仰未應對御史大夫曰執法者國之轡銜刑罰者國之維檝也故轡銜不飭雖王良不能以致遠維檝不設雖良工不能以絶水韓子曰疾有固者不能明其法勢御其臣下富國強兵以制敵禦難惑於愚儒之文詞以疑賢士之謀舉浮淫之蠹加之功實之上而欲國之治猶釋階而欲登高無銜橛而禦捍馬也今刑法設備而民猶犯之況無法乎其亂必也文學曰轡銜者御之具也得良工而調法勢者治之具也得賢人而化執轡非其人則馬奔馳執軸非其人則船覆傷昔吳使宰嚭持軸而破

其舩秦使趙高執轡而覆其車今廢仁義之術而任刑名之徒則復吳秦之事也夫爲君者法三王爲相者法周公爲術者法孔子此百世不易之道也韓非非先王而不遵舍正令而不從舉陷陷穽身幽囚客死於秦秦夫不通大道而小辯斯足以害其身而已

申韓第五十六

御史曰待周公而爲相則世無列國待孔子而後學則世無儒墨夫衣小缺襟裂可以補而必待全匹而易之政小缺法令可以防而必待雅頌乃治之是猶舍鄰之醫而求俞跗而後治病廢汙池之水待江海

而後救火也迂而不徑闕而無務是以教令不從而治煩亂夫善爲政者弊則補之決則塞之故吳子以法治楚魏申商以法彊秦韓也文學曰有國者選衆而任賢學者博覽而就善何必是周公孔子故曰法之而已今商鞅吳起反聖人之道變亂秦俗其後政耗亂而不能理流失而不可復愚人縱火於沛澤不能復振蜂蠆螫人放死不能息其毒也煩而止之躁而靜之上下勞擾而亂益滋故聖人教化上與日月俱照下與天地同流豈曰小補之哉御史曰衣缺不補則日以甚防漏不塞則日以滋大河之始決於瓠

子也消消爾及其卒汜濫爲中國害菑梁楚破曹衛城郭壞沮稸積漂流百姓木棲千里無廬令孤寡無所依老弱無所歸故先帝閔悼其菑親省河堤舉禹之功河流以復曹衛以寧百姓戴其功詠其德歌宣房塞萬福來焉亦猶是也如何勿小補哉文學曰河决若甕口而破千里况禮决乎其所害亦多矣今斷獄嵗以萬計犯法兹多其爲菑豈特曹衛哉夫知塞宣房而福來不知塞亂原而天下治也周國用之刑錯不用黎民若四時各終其序而天下不孤頌曰綏我眉壽介以繁祉此天爲福亦不小矣誠信禮義如

宣房功業已立垂拱無爲有司何補法令何塞也御史曰犀銚利鉏五穀之利而間草之害也明理正法姦邪之所惡而良民之福也故曲木惡直繩姦邪惡正法是以聖人審於是非察於治亂故設明法陳嚴刑防非矯邪若隱括輔檠之正弧刺也故水者火之備法者止姦之禁也無法勢雖賢人不能以爲治無甲兵雖孫吳不能以制敵是以孔子倡以仁義而民從風伯夷遁首陽而民不可化文學曰法能刑人而不能使人廉能殺人而不能使人仁所貴良醫者貴其審消息而退邪氣也非貴其下鍼石而鑽肌膚也

所貴良吏者貴其絶惡於未萌使之不爲非非貴其拘之囹圄而刑殺之也今之所謂良吏者文察則以禍其民强力則以厲其下不本法之所由生而專己之殘心文誅假法以陷不辜累無罪以子及父以弟及兄一人有罪州里驚駭十家奔亡若癰疽之相濘色蹊之相連一節動而百枝搖詩云舍彼有罪既伏其辜若此無罪淪胥以鋪痛傷無罪而累也非患銚耨之不利患其舍草而去苗也非患無準平患其舍枉而繩直也故親近爲過不必誅是鋤不用也跡遠有功不必賞是苗不養也故世不患無法而患無必

行之法也

周秦第五十七

御史曰春秋罪人無名號謂之云盜所以賤刑人而絕之人倫也故君不臣士不友於閭里無所容故民始犯之命不軌之民犯公法以相寵舉棄其親不能伏節死理遁逃相連自陷於罪其被刑戮不亦宜乎一室之中父兄之際若身體相屬一節動而知於心故今自關內侯以下比地於伍居家相察出入相司父不教子兄不正弟舍是誰責乎文學曰古者周其禮而明其教禮周教明不從者然後等之以刑刑罰

中民不怨故舜施四罪而天下咸服誅不仁也輕重各服其誅刑必加而無赦赦惟疑者若此則世安得不軌之人而罪之今殺人者生剽攻竊盜者富故良民內解怠輟耕而隕心古者君子不近刑人刑人非人也身放殛而辱後世故無賢不肖莫不恥也今無行之人貪利以陷其身蒙戮辱而捐禮義恒於苟生何者一日下蠶室創未瘳宿衛人主出入宮殿得由受奉祿食太官享賜身以尊榮妻子獲其饒故或載卿相之列就刀鋸而不見閔況衆庶乎夫何恥之有廢其德教而責之以禮義是虐民也春秋曰子有罪

執其父臣有罪執其君聽失之大者也今以子誅父以弟誅兄親戚小坐什伍相連若引根本之及華葉傷小指之累四體也如此則以有罪及誅無罪無罪者寡矣臧文仲治魯勝其盜而自矜子貢曰民將欺而況民盜乎故吏不以多斷為良醫不以多刺為工子産刑二人殺一人道不拾遺而民無誣心故為民父母以養疾子長恩厚而已自首匿相坐之法立骨肉之恩廢而刑罪多聞父母之於子雖有罪猶匿之豈不欲服罪爾子為父隱父為子隱未聞父子之相坐也聞兄弟緩追以免賊未聞兄弟之相坐也聞惡

惡止其人疾始而誅首惡未鬬什伍之相坐老子曰上無欲而民樸上無事而民自富君君臣臣父父子子比地何伍而執政何責也御史曰夫負千鈞之重以登無極之高垂峻崖之峭谷下臨不測之淵雖有慶忌之健賁育之勇莫不震慴悼慄者知墜則身首肝腦塗山石也故未嘗灼而不敢握火者見其有灼也未嘗傷而不敢握刃者見其有傷也彼以知爲非罪之必加而戮及父兄必懼而爲善故立法制辟若臨百仞之壑握火蹈刃則民畏忌而無敢犯禁矣慈母有敗子小不忍也嚴家無悍虜篤責急也今不立

嚴家之所以制下而修慈母之所以敗子則惑矣文學曰紂爲炮烙之刑而秦有收帑之法趙高以峻文決罪於內百官以峭法斷割於外死者相枕席刑者相望百姓側自重足不寒而慄詩云謂天蓋高不敢不局謂地蓋厚不敢不蹐哀今之人胡爲虺蜥方此之時豈特冒火蹈刃哉然父子相背兄弟相慢至於骨肉相殘上下相殺非刑輕而罰不必令大嚴而仁恩不施故政寬則下親上政嚴則民謀主晉厲以幽二世見殺惡在峻法之不犯嚴家之無悍虜也聖人知之是以務知而不務威故高皇帝約秦苛法慰怨

毒之民而長和睦之心唯恐刑之重而德之薄也是以施恩無窮澤流後世商鞅吳起以秦楚之法爲輕而累之上危其主下沒其身或非特慈母乎

詔聖第五十八

御史曰夏后氏不信言殷誓周盟德信彌衰無文武之人欲修其法此殷周之所以失勢而見奪於諸侯也故衣弊而革才法弊而更制高皇帝時天下初定發德音行一卒之令權也非撥亂反正之常也其後法稍犯不正於理故姦萌而甫刑作王道衰而詩刺彰諸侯暴而春秋譏夫少目之罔不可以得魚三章

之法不可以爲治故令不得不加法不得不多唐虞畫衣冠非阿湯武刻肌膚非故時世不同輕重之務異也文學曰民之仰法猶魚之仰水水清則靜濁則擾擾則不安其居靜則樂其業樂其業則富富則仁生澹則爭止是以成康之世賞無所施法無所加非可刑而不刑民莫犯禁也非可賞而不賞民莫不仁也若斯則吏何事而理今之治民者若拙御馬行則頓之止則擊之身創於箠吻傷於銜求其無失何可得乎乾谿之役土崩梁氏內潰不能禁峻法不止故罷馬不畏鞭箠罷民不畏刑法雖曾而累之其亡益

乎御史曰嚴牆三刃樓季難之山高千雲牧豎登之故峻則樓季三刃陵夷則牧豎易山巔夫鑠金在鑪莊蹻不顧錢刀在路匹婦掇之非匹婦貪而莊蹻廉也輕重之制異而利害之分明也故法令可仰而不可踰可臨而不可入詩云不可暴虎不敢馮河爲其無益也魯好禮而有季孟之難燕噲好讓而有子之之亂禮讓不足禁邪而刑法可以止暴明君據法故能長制群下而久守其國也文學曰古者明其仁義之誓使民不踰上乎刑之不教而殺是以虐也與其刑不可踰不若義之不可踰也聞禮義行而刑罰中

未聞刑罰行而孝悌興也高牆狹基不可立矣嚴法峻刑不可久也二世信趙高之計渫篤責而任誅斷刑者半道死者日積殺民多者爲忠厲民悉者爲能百姓不勝其求黔首不勝其刑海內同憂而俱不聊生故過往之事父不得於子無已之求君不得於臣死不再生窮鼠齧貍匹夫奔萬乘舍人折弓陳勝吳廣是也當此之時天下期俱起方面而攻秦闡不一期而社稷爲墟惡在其能制羣下而久守其國也御史默然不對大夫曰瞽師不知白黑而善聞言儒者不知治世而善訾議夫善言天者合之人善言古者

考之令令何爲施法何爲加湯武全肌骨而殷周治秦國用之法弊而犯二尺四寸之律古今一也或以治或以亂春秋原罪甫刑制獄令願聞治亂之本周秦所以然乎文學曰春夏生長聖人象而爲令秋冬殺藏聖人則而爲法故令者教也所以導民人法者刑罰也所以禁強暴也二者治亂之具存亡之効也在上所任湯武經禮義明好惡以道其民刑罪未有所加而民自行義殷周所以治也上無德教下無法則任刑必誅劓鼻盈蔂斷足盈車舉河以西不足以受天下之徒終而以亡者秦王也非二尺四寸之律

異所行反古而悖民心也

大論第五十九

大夫曰呻吟槁簡誦死人之語則有司不以文學文學知獄之在廷後而不知其事聞其事而不知其務夫治民者若大匠之斲斧斤而行之中繩則止杜大夫王中尉之等繩之以法斷之以刑然後寇止姦禁故射者因勢治者因法虞夏以文殷周以武異時各有所施今欲以敦朴之時治抗弊之民是猶遷延而拯溺揖讓而救火也文學曰文王興而民好善幽厲興而民好暴非性之殊風俗使然也故商周之所以

昌桀紂之所以亡也湯武非得伯夷之民以治桀紂非得蹠蹻之民以亂也故治亂不在於民孔子曰聽訟吾猶人也必也使無訟乎訟者難訟而聽之易夫不治其本而事其末古之所謂愚今之所謂智以箠楚正亂以刀筆正文古之所謂賊今之所謂賢也大夫曰俗非唐虞之時而世非許由之民而欲廢法以治是猶不用隱括斧斤欲撓曲直枉也故爲治者不待自善之民爲輪者不待自曲之木往者應少伯正之屬潰梁楚昆盧徐穀之徒亂齊趙山東關内暴徒保人阻險當此之時不任斤斧折之以武而乃始設

禮修文有似窮醫欲以短鍼而攻疽孔丘以禮說跖也文學曰殘材木以成室屋者非良匠也殘賊民人而欲治者非良吏也故公輸子因木之宜聖人不費民之性是以斧斤簡用刑罰不任政立而化成扁鵲攻於湊理絕邪氣故癰疽不得成形聖人從事於未然故亂原無由生是以砭石藏而不施法令設而不用斷已然鑿已發者凡人也治未形覩未萌者君子也大夫曰文學所稱聖知者孔子也治魯不遂見逐於齊不用於衛遇圍於匡困於陳蔡夫知時不用猶說強也知困而不能已貪也不知見欺而往愚也困

辱不能死耻也若此四者庸民之所不爲也何况君子乎商君以景監見應侯以王稽進故士因士女因媒至其親顯非媒士之力孔子曰進見而不以能往者非賢士才女也文學曰孔子生於亂世思堯舜之道東西南北灼頭濡足庶幾世主之悟悠悠者皆是君闇大夫妬孰合有媒是以嫫母飾姿而夸矜西子彷徨而無家非不知窮厄而不見用悼痛天下之禍猶慈母之伏死子也知其不可如何然惡已故適齊景公欺之適衛靈公圍陽虎謗之桓魋害之夫欺害聖人者愚惑也傷毁聖人者狂狡也惑之人非人也

夫何耻之有孟子曰觀近臣者以所爲主觀遠臣者以其所主使聖人僞容苟合不論行擇友則何以爲孔子也大夫憮然内慙四據而不言當此之時順風承意之士如編口張而不歙舉舌而不下闇然而懷重負而見責大夫曰諸膠車脩逢雨請與諸生解

雜論第六十

客曰余覩鹽鐵之義觀乎公卿文學賢良之論意指殊路各有所出或上仁義或務權利異哉吾所聞周秦粲然皆有天下而南面焉然安危長久殊世始汝南朱子伯爲予言當此之時豪俊並進四方輻湊賢

良茂陵唐生文學魯萬生之倫六十餘人咸聚闕庭舒六藝之諷論太平之原智者贊其慮仁者明其施勇者見其斷辯者陳其詞誾誾焉侃侃焉雖未能詳備斯可畧觀矣然蔽於雲霧終廢而不行悲夫公卿知任武可以辟地而不知德廣可以附遠知權利可以廣用而不知稼穡可以富國也近者親附遠者說德則何爲而不成何求而不得不出於斯路而附畜利長威豈不謬哉中山劉子雍言王道矯當世復諸正務在乎反本直而不徼切而不熛斌斌然斯可謂弘博君子矣九江祝生奮由路之意推史魚之節發

憤懣刺譏公卿介然直而不撓可謂不畏強禦矣桑大夫據當世合時變推道術尚權利辟畧小辯雖非正法然巨儒宿學惡然大能自解可謂博物通士矣然攝卿相之位不引準繩以道化下放於利末不師始古易曰焚如棄如處非其位行非其道果隕其性以及厥宗車丞相即周魯之列當軸處中括囊不言容身而去彼哉彼哉若夫群丞相御史不能正議以輔宰相成同類長同行阿意苟合以說其上斗筲之人道諛之徒何足算哉

鹽鐵論卷第十

伊洛淵源續録

〔明〕謝鐸 撰

齊魯書社
·濟南·

圖書在版編目（CIP）數據

伊洛淵源續録 / (明) 謝鐸撰. -- 濟南 : 齊魯書社, 2024. 9. -- (《儒典》精粹). -- ISBN 978-7-5333-4948-6

Ⅰ. B244.65

中國國家版本館CIP數據核字第20243PE918號

責任編輯　劉　强　馬素雅
裝幀設計　亓旭欣

伊洛淵源續録
YILUO YUANYUAN XULU
〔明〕謝鐸　撰

主管單位	山東出版傳媒股份有限公司
出版發行	齊魯書社
社　　址	濟南市市中區舜耕路517號
郵　　編	250003
網　　址	www.qlss.com.cn
電子郵箱	qilupress@126.com
營銷中心	（0531）82098521　82098519　82098517
印　　刷	山東臨沂新華印刷物流集團有限責任公司
開　　本	880mm × 1230mm　1/32
印　　張	8.25
插　　頁	2
版　　次	2024年9月第1版
印　　次	2024年9月第1次印刷
標準書號	ISBN 978-7-5333-4948-6
定　　價	68.00圓

《〈儒典〉精粹》出版説明

《儒典》是對儒家經典的一次精選和萃編，集合了儒學著作的優良版本，展示了儒學發展的歷史脉絡。其中，《義理典》《志傳典》共收録六十九種元典，由齊魯書社出版。鑒於《儒典》采用套書和綫裝的形式，部頭大，價格高，不便於購買和日常使用，我們决定以《〈儒典〉精粹》爲叢書名，推出系列精裝單行本。

叢書約請古典文獻學領域的專家學者精選書目，并爲每種書撰寫解題，介紹作者生平、内容、版本流傳等情况，文簡義豐。叢書共三十三種，主要包括儒學研究的代表性專著和儒學人物的師承傳記兩大類。版本珍稀，不乏宋元善本。對於版心偏大者，適度縮小。爲便於檢索，另編排目録。不足之處，敬請讀者朋友批評指正。

齊魯書社

二〇二四年八月

《〈儒典〉精粹》書目（三十三種三十四册）

孔氏家語　荀子集解　孔叢子
春秋繁露　春秋繁露義證　鹽鐵論
新序　揚子法言　白虎通德論
潛夫論　中説　太極圖説　通書
龜山先生語録　張子語録　傳習録
張子正蒙注　先聖大訓　近思録
四存編　孔氏家儀　帝範
帝學　温公家範　文公家禮
聖門禮樂誌　東家雜記　孔氏祖庭廣記
伊洛淵源録　伊洛淵源續録　國朝漢學師承記
國朝宋學淵源記　孔子編年　孟子年表

解題

伊洛淵源續録六卷，明謝鐸撰，日本慶安二年刻本

謝鐸字鳴治，黄巖人。天順二年（一四五八）進士，官至禮部侍郎，兼國子監祭酒，謚文肅。是書乃繼朱熹《伊洛淵源録》而作。卷前有成化庚子黄巖謝鐸序及後序（按《後序》未署年月，卷六末頁《重刊伊洛淵源二録跋》於高貴亨跋後單列『弘治丙辰秋七月望後三日鐸再識于方巖書院』一行，當繫於此），後有嘉靖己丑（八年，一五二九）臨海高貴亨跋。卷一『豫章羅先生』（羅從彦），卷二『延平李先生』（李侗），卷三『文公先生』（朱熹），卷四『南軒張先生』（張栻）、『東萊吕先生』（吕祖謙），卷五『蔡文節公』（蔡元定子沈附、『黄文肅公』（黄榦）、『李文定公』（李燔）、『張寳章』（張洽）、『陳北溪』（陳淳）、『李果齋』（李方子）、『黄提刑』（黄灝）、『廖吏部』（廖德明）、『葉秘書』（葉味道）、『石南康』（石子重）、『輔慶源』（輔廣）、『杜南湖杜方山』（杜煒與杜知仁）、『趙訥齋』（趙師淵），卷六『真文忠公』（真德秀）、『何文定公』（何基）、『王文憲公』

（王柏）。所録連蔡沈計之，凡二十三人。《四庫全書》弃而未録，《存目提要》云：『以朱子爲宗主，始於羅從彦、李侗，朱子之學所自來也；佐以張栻、吕祖謙，朱子友也；自黄榦而下，終於何基、王柏，皆傳朱子之學者也。然所載張栻等七人，則全録《宋史·道學傳》；吕祖謙等七人，則全録《宋史·儒林傳》。李侗等六人，略採行狀、誌銘、遺事；其輔廣一人，則但載姓名里居，僅數十字而止，尤爲疎略。案廣即世所稱「慶源輔氏」，《明一統志》載其始末甚詳，鐸偶未考耳。《明史》鐸本傳載其爲南京國子監祭酒時上言六事，其三曰正祀典，乃請進宋儒楊時而退吴澄，爲禮部尚書傅瀚所持，僅進時而澄祀如故。夫澄之學雖曰未醇，然較受蔡京之薦者，則有閒矣。鐸欲以易澄，蓋以道南一脈之故，而曲諱其出處也。然則是録之作，其亦不出門户之見矣。』瑕纇固存，而采掇裒輯之功，要亦不可湮没也。

徐　泳

目録

伊洛淵源續録卷第五

伊洛淵源續録卷第六

伊洛淵源續錄

一之三

伊洛淵源續錄前序

昔晦菴先生嘗取周程張子之書緒正表章以示當世既又慮夫世之學者徒得其言而不得其所以言乃復取其平生出處履歷之詳以及其師友之所授受者稡而錄之曰伊洛淵源錄以見聖賢之所謂學者皆言行一致體用一源而理之未始不該於事事之未始不根於理也於乎微哉先生既沒其遺言緒論散見六經四子者固已家傳而人誦矣獨其授受源委與夫出處履歷之詳窮鄉下邑之士或所未究則無以盡見其全體大用之學鏗僭不自量於是竊

取先生之意其錄勉齋所撰行狀與其師友之間凡有預聞於斯道者定為續錄六卷以見先生繼往開來之功於是為大而是錄之不可以不續也嗟夫自鄒孟氏沒而聖人之學不傳其過於高遠者不溺於虛無則淪於寂滅其安於淺陋者不滯於詞章則狃於功利二者雖有過與不及之不同而其為吾道之害則一也向非伊洛諸老先生相繼迭起於千數百年之下得不傳之學於遺經以興起斯文為己任則吾道之害將何時而已耶然自是以來猶有竊吾道之名以用於夷狄之世借儒者之言以蓋其佛老之

真其得罪於聖門甚矣凡爲孔子之徒者皆將鳴鼓
而攻之不暇顧復傒然求以自附於伊洛之淵源何
哉豹窺貂續極知僭妄特高山景行之思在平生所
不敢後者姑錄其槩而撮其說如此後之君子脫有
取焉其亦明道術扶世教之一助也哉

成化庚子春正月吉旦黄巖謝鐸謹識于長安西館

昔宋太史公景濂有言曰晦菴文公紹伊洛之正緒號爲世適益衍而彰傳道而授業者幾徧大江之南而台與婺爲特盛婺之學實始於何文定公基基得之黃文肅公榦榦則親得於文公者也文定一傳而爲王文憲公柏再傳而爲金仁山履祥又再傳而爲許白雲謙台之學實始於南康石公子重子重介南湖杜公曄與其季方山公知仁以及訥齋趙公幾道皆親登文公之門由是二杜公一傳而爲丞相清獻公範再傳而爲玉峯車公若水玉峯則又締交於文憲王公而壽雲黃公超然則又從來師友於其間者也太史公又謂方公克勤

之任乎、而其殆聞而知之者歟、則希直公之親得於父子間者亦可知矣、今是錄於參止列何王二公於台亦不敢輒列、清獻王峯諸公者竊亦自附於多聞之缺而愼言之耳、是錄之成、蓋文惟瘢之巾笥時備檢閱以致吾景仰之私而已、實未嘗敢妄出以視諸人人也、今年春吾友廣信太守王君良玉書來讓予以尊鄉錄之刊若獨有私於王典化存敬者乃不得已謹取而應之、良玉篤好古學、今其所守正鵞湖之地、是錄之出、安知其無如昔賢之辯者、良玉其尚有以處之哉

伊洛淵源續録目録

卷之五

伊洛淵源續錄卷第一

豫章羅先生

事實畧

先生諱從彥字仲素劒浦之羅源人曾祖文弼祖世南父神繼皆隱身不仕先生自幼頴悟不爲言語文字之學及長堅苦刻厲篤志求道初從吳國華游已而聞龜山先生得伊洛之學遂往學焉迺知舊日之學非也三日驚汗浹背曰幾枉過了一生龜山倡道東南從游者千餘人然語其潛思力行任重詣極如先生一人而已嘗講易至乾九四一爻龜山云曩聞伊川先生說得甚

好先生遂鬻田裹糧至洛見伊川所聞亦不外龜山之說於是歸而盡心以事龜山摳衣侍席二十餘載盡得不傳之秘先生淸介絕俗雖里人鮮克知之郡人李愿中新安朱喬年聞先生得伊洛之學遂執子弟禮從之游先生終日相對靜坐只說文字未嘗一及雜語愿中退居室中亦只靜坐先生令靜中看喜怒哀樂未發時作何氣象相從累年受春秋中庸語孟之說從容潛玩有會于心遂盡得其所傳之奧先生少然可亟稱許焉先生山居有顏樂齋寄傲軒邀月亭獨寐龕白雲亭濯纓亭每賦詩以自樂所著遵堯錄歷言我宋一祖開基

三宗紹述若舜禹遵堯相守一道迨熙寧間王安石用事管心鞅法卒稔夷狄之禍未嘗不爲之痛心疾首也又有春秋解毛詩解中庸說論孟解議論要語合衞錄春秋指歸晩就特科授惠州博羅縣主簿卒於官享年六十有四子敦敘早卒無嗣見豫章文集附錄

議論要語六條

先生嘗曰祖宗法度不可廢德澤不可恃廢法度則變亂之事起恃德澤則驕佚之心生自古德澤最厚莫若堯舜向使子孫可恃則堯舜必傳其子至於法度則莫如周家之最明向使子孫世守則歷年至今猶存可也

又曰君子在朝則天下必治蓋君子進則常有亂世之言使人主多憂而善心生故治小人在朝天下必亂蓋小人進則常有治世之言使人主多樂而怠心生故亂

又曰天下之亂不起於四方而起於朝廷譬如人之傷氣則寒暑易侵木之傷心則風雨易折故內有林甫之姦則外必有祿山之亂內有盧杞之姦則外必有朱泚之叛（見宋史道學傳）

又曰朝廷大姦不可容朋友小過不可不容若容大姦必亂天下不容小過則無全人（見諫章文集附錄）

又曰周孔之心使人明道學者果能明道則周孔之心

深自得之三代之才得周孔之心而明道者多故視生死去就如寒暑晝夜之移而忠義行之者易漢唐以經術古文相尚而失周孔之心故經術自董生公孫弘倡之古文自韓愈柳宗元啟之於是明道者寡故視生死去就如萬鍾九鼎之重而忠義行之者難於乎學者所見自漢唐喪矣又曰士之立朝要以正直忠厚為本正直則朝廷無過失忠厚則天下無怨嗟一於正直而不忠厚則漸入於刻一於忠厚而不正直則流入於懦見宋史道學傳

遺事

政和初龜山先生為蕭山令先生徒歩往學龜山熟察之喜曰惟從彥可與言道於是日益以親遂語以心傳之秘龜山弟子千餘人無及先生者見年譜及道學傳

陳幾叟跋先生語孟師說曰予與仲素定交幾四十年憶初從龜山龜山以孟子飢者甘食渴者甘飲與夫人能無以飢渴之害為心害則不及人不為憂矣令仲素思索且云此語若易知易行而有無窮之理仲素思之累日疏其義以呈龜山曰飲食必有正味飢渴害之則不得正味而甘之猶學者必有正道不悅於小道而適正焉則堯舜人皆可為矣何不及之有哉龜山云此說

甚善。但更於心害上一著猶省意。則可以入道矣。仲素一生服膺此語。凡世之所嗜好。一切禁止。故學問日新。尤不可及。自非龜山抽關啟鑰。而仲素於言下省悟。何以臻此。使仲素而不死。則其精進此道。又豈予之所能知哉。今日李君愿中以其遺書屬予。其格言要論。自爲一家之書。閱其學益進。誦其言益可喜。信乎自心害而去之也。自仲素之亡。傳此書者絕少。非愿中有志於吾道。其能用心如此之專乎。既錄之。本以備玩味。今錄其書。併以仲素之所受於龜山者語之。以俟異日觀其學之進。則此語不無助焉。見豫章文集附錄延平先生以書謁先生其略曰侗聞之天下有三本焉父生之師教之君治之缺其一則本不立古之聖賢莫不有師其肄業之勤惰涉道之淺深求益之先後若存若亡其詳不可得而考惟洙泗之間七十二弟子之徒議論問答具在方冊有足稽焉是得夫子而益明也孟氏之後道失其傳枝分派別自立門戶天下眞儒不復見於世其聚徒成羣所以相傳授者句讀文義而已謂之熄焉可也恭惟先生服膺龜山之講席有年矣況嘗及伊川先生之門得不傳之道於千五百年之後性明而修行完而潔擴之以廣大体之以仁恕精深微妙各

極其至漢唐諸儒無近似者至於不言而飲人以和與人竝立而使人化如春風發物盖亦莫知其所以然也凡讀聖賢之書粗有識見者孰不願得授經門下以質所疑至於異論之人固當置而勿論也侗之愚鄙徒以習舉子業不得服役於門下而今白拳拳欲求教者以謂所求有大於利祿也抑侗聞之道可以治心猶食之克飢衣之禦寒也人有迫於飢寒者皇皇焉為衣食之謀造次顛沛未始忘也至於心之不治有沒世不知慮豈愛心不若口体哉弗思甚矣侗不量資質之陋妄意於此雖知眞儒有作聞風而起固不若先生親炙之得

於動靜語默之間目擊而心會也今生二十有四歲莊
乎未有所止燭理未明而是非無以辯宅心不廣而喜
怒易以搖操履不完而悔吝多精神不充而智巧襲揉
焉而不淨守焉而不敷朝夕恐懼不啻如飢寒切身者
求充飢禦寒之具也不然安敢以不肖之身爲先生累
哉見宋史道學傳及豫章文集附錄

龜山語先生云今之學者只爲不知爲學之方又不知
學成要何用此事体大須是曾著力來方知不易夫學
者學聖賢之所爲也欲爲聖賢之所爲須是聞聖賢所
得之道若只要博古通今爲文章作忠信愿愨不爲非

義之士而已則古來如此等人不必然以爲聞道則不可且如東漢之褒處士逸人與夫名節之士有聞當世者多矣觀其作處責之以古聖賢之道則略無毫髮髣髴相似何也以彼於道初無所聞故也今時學者平居則曰吾當爲古人之所爲纔有事到手便措置不得蓋其所學以博古通今爲文章或志於忠信愿慤不爲非義而已而不知須是聞道故應如此由是觀之學而不聞道猶不學也又嘗語先生云時嘗有數句敎學者讀書之法云以身体之以心驗之從容默會於幽閑靜一之中超然自得於書言象意之表此蓋某所爲者如此

見豫章文集附録

晦翁問延平云祭如在祭神如神在嘗疑此二句乃弟子記孔子事又記孔子之言於下以發明之曰吾不與祭如不祭也李先生應之曰侗嘗聞羅先生曰祭如在及見之者祭神如神在不及見之者以至誠之意與鬼神交庶幾享之若誠心不至於禮有失焉則神不享矣雖祭何爲

延平答晦翁書云侗自少時從羅先生學問彼時全不涉世故未有所入聞先生之言便能用心靜處尋求又曰昔聞之羅先生云橫渠教人令且留意神化二字所

存者神便能所過者化私吝盡無即渾是道理即所過自然化矣

李先生云舜之所以能使瞽瞍底豫者盡事親之道共爲子職不見父母之非而已昔羅先生語此云只爲天下無不是的父母了翁聞而善之曰唯如此而後天下之爲父子者定彼臣弑其君子弑其父者常始於見其有不是處耳

李先生云侗昔於羅先生得入處後無朋友幾放倒了

晦翁云羅仲素先生都是著實仔細去理會又云羅先生嚴毅清苦殊可畏又曰羅公清介絶俗雖里人鮮克

知之

時翁門人問李先生靜坐之說聞先生不以爲然如何

曰此亦難說靜坐理會道理自不妨只是討要靜坐則

不可若理會得道理明透自然是靜嘗見李先生說舊

見羅先生說春秋頗覺未甚愜意不知到羅浮極靜後

義理會得如何某心嘗疑之以今觀之是如此蓋心下

熱鬧如何看得道理出見豫章文集附錄

羅先生教學者靜坐中看喜怒哀樂未發時作何氣象

李先生以爲此意不惟於進學有力兼亦是養心之要

見朱子語類

馮夢得序先生遺藁有曰豫章羅先生潛思力行任重詣極上接伊川龜山之傳下授延平晦菴之學東南學者未能或之先也黃大任跋其後曰濂洛接洙泗之正傳蓋漢唐數百年之所未有考亭集濂洛之大成所傳聞者龜山所聞者豫章所見者延平

太常博士陳協謚議其畧曰羅公從彥當徽廟時居鄉授徒守道尤篤而同郡李公侗傳其學厥後朱文公熹又得李公之傳其道遂彰明於世學者仰之如泰山北斗者其端皆自公發之謹按謚法道德博厚曰文言行相應曰質公師友淵源洞明天理可謂道德博厚矣濂

介絶俗著書有聞可謂言行相應矣請謚爲文質尚書考功員外郎周坦覆議曰羅公從彦不求聞達於世尊次抱負不少槩見獨得其大者所謂道德問學之淵源上承伊洛之正派下開中興以後諸儒之授受昭然不可泯也奉常謚曰文質於法爲宜淳祐七年五月二十四日奉旨依見豫章文集附錄

伊洛淵源續錄卷第一

伊洛淵源續錄卷第二

延平李先生

行狀

文公先生

先生諱侗字愿中姓李氏南劒州劒浦人曾祖諱幹屯田郎中致仕贈金紫光祿大夫妣淸源郡太夫人朱氏祖諱纁朝散大夫贈中奉大夫妣永嘉郡太君胡氏咸寧郡太君朱氏父諱渙朝奉郎贈右朝議大夫妣太恭人饒氏先生朝議公之季子也生有異禀幼而頴悟少長孝友謹篤朝議公太恭人特所鍾愛既冠游鄉校有聲稱已而聞郡人羅仲素先生得伊洛之學於龜山楊

文靖公之門遂往學焉羅公清介絕俗雖里人鮮克知之見先生從游受業或頗非笑先生若不聞從之累年受春秋中庸語孟之說從容潛玩有會於心盡得其所傳之奧羅公少然可亟稱許焉於是退而屏居山田結茅水竹之間謝絕世故餘四十年簞瓢屢空怡然自適中間郡將學官聞其名而招致之或遣子弟從遊受學州郡士子有以矜式焉晚以二子舉進士試吏旁郡更請迎養先生不得已爲一行自建安如鉛山訪外家兄弟於昭武遇其門弟子故人迎於武夷潭溪之上徜徉而歸會閩帥玉山汪公以書禮車乘來迎蓋將相與講

所疑焉先生因往見之至之日疾作遂卒于府治之館舍是年七十有二矣隆興元年十月十有五日也汪公爲遣參議官王君伯庠觀察推官謝公倣護喪事躬視棺斂禮意喪具無不周悉居數日諸子畢至遂以喪歸先生娶同郡吳氏子男三人友直左修職郎信州鉛山縣尉信甫左修職郎建寧府建安縣主簿友聞未仕女一人蚤亡孫男四人女八人皆幼初龜山先生倡道東南士之遊其門者甚衆然語其潛思力行任重詣極如羅公蓋一人而已先生既從之學講論之餘危坐終日以驗夫喜怒哀樂未發之前氣象爲如何而求所謂中

者若是者蓋文之而知天下之大本眞有在乎是也蓋
天下之理無不由是而出既得其本則凡出於此者雖
品節萬殊曲折萬變莫不該攝洞貫以次融釋而各有
條理如川流脉絡之不可亂大而天地之所以高厚細
而品彙之所以化育以至於經訓之微言日用之小物
折之於此無一不得其衷焉由是操存益固涵養益熟
精明純一　觸處洞然泛應曲酬發必中節故其事親誠
孝左右無違仲兄性剛多忤先生事之致誠盡敬更得
其懽心焉閨門内外夷愉肅穆若無人聲而衆事自理
與族姻舊故恩意篤厚久而不忘生事素薄然處之有

道量入爲出賔祭謹節租賦必爲鄰里先親戚或貧不能婚嫁爲之經理節衣食以賑助之與鄉人處飲食言笑終日油油如也年長者事之盡禮少者賤者接之各盡其道以故鄉人愛敬暴悍化服其接後學答問窮晝夜不倦隨人淺深誘之各不同而要以反身自得而可以入於聖賢之域故其言曰學問之道不在多言但嘿坐澄心體認天理若見雖一毫私欲之發亦退聽矣久久用力於此庶幾漸明講學始有力耳又嘗曰學者之病在於未有洒然氷解凍釋處縱有力持守不過苟免顯然悔尤而已若此者恐未足道也又嘗曰今人之學

與古人異如孔門諸子羣居終日交相切磨又得夫子爲之依歸日用之間觀感而化者多矣恐於融釋而脫落處非言說所及也不然子貢何以言夫子之言性與天道不可得而聞也耶嘗以黄太史之稱濂溪周夫子胸中洒落如光風霽月云者爲善形容有道者氣象嘗諷誦之而顧謂學者曰存此於胸中庶幾遇事廓然而義理少進矣其語中庸曰聖門之傳是書其所以開悟後學無遺策矣然所謂喜怒哀樂未發謂之中者又一篇之指要也若徒記誦而已則亦奚以爲哉必也體之於身實見是理若顔子之嘆卓然見其爲一物而不違

乎心目之間也然後擴充而往無所不通則庶乎其可以言中庸矣其語春秋曰春秋一事各是發明一例如觀山水徙歩而形勢不同不可拘以一法然所以難言者蓋以常人之心推測聖人未到聖人洒然處豈能無失耶其於語孟他經無不貫通苟有疑問答之必極其趣然語之而不惰者或寡矣又嘗曰讀書者知其所言莫非吾事而即吾身以求之則凡聖賢所至而吾所未至者皆可勉而進矣苟直以文字求之悅其詞義以資誦說其不爲玩物喪志者幾希以故未嘗講解文書然其辨析精微毫釐畢察嘗語問者曰講學切在深潛縝

豁然後氣味深長蹊徑不差若槩以理一而不察乎其分之殊此學者所以流於疑似亂眞之說而不自知也其開端示人大要類此先生資稟勁特氣節豪邁而克養完粹無復圭角精純之氣達於面目色溫言厲神定氣和語默動靜端詳閑泰自然之中若有成法平居恂恂於事若無甚可否及其酬酢事變斷以義理則有截然不可犯者早歲聞道即棄塲屋超然遠引若無意於當世然憂時論事感激動人其語治道必以明天理正人心崇節義厲廉恥爲先本末備具可舉而行非特空言而已異端之學無所入於其心然一聞其說則知其

詖淫邪遁之所以然者蓋辨之於錙銖毫忽之間而儒釋之邪正分矣熹先君子吏部府君亦從羅公問學與先生為同門友雅敬重焉嘗與沙縣鄧迪天啟語及先生鄧曰愿中如冰壺秋月瑩徹無瑕非吾曹所及先君子深以為知言亟稱道之其後熹獲從先生遊每一去而復來則所聞必益超絕蓋其上達不已日新如此嗚呼若先生之道德純備學術通明求之當世殆絕倫比然不求知於世而亦未嘗輕以語人故上之人既莫之知而學者亦莫之識是以進不獲施之於時退未及傳之於後而先生方且玩其所安樂者於畎畝之中悠然

不知老之將至蓋所謂依乎中庸遯世不見知而不悔者先生庶幾焉比年以來學者始益親而方伯連帥之賢者又樂聞其道而邀致之其意豈徒然哉不幸天喪斯文而先生殁矣龜山之所聞於程夫子而授之羅公者至是而不得其傳矣嗚呼痛哉諸孤方謀窀穸之事謂熹承學之久宜知先生之蘊使具其事以請銘於作者將勤諸幽堂以告後世知德者有以考焉熹愚不肖蒙被教育不爲不久聽其言觀其行而服膺焉不爲不詳然未能有以得其遠者大者故悉取凡聞見所及一二書之詞若繁而不敢殺者蓋有待於筆削云爾謹狀

文公與先生書

熹拜違侍右倏忽月餘頃嘗附兩書於建寧鄭計已獲
關聽矣熹十八日離膝下道路留滯二十四日到鉛山
館於六十兄官舍路中幸無大病今自戴君來診脉其
言極有理許示藥方矣云無他病只是禀受氣弱失汗
多心血少氣不升降上下各為一人其他曲折皆非俗
醫所及頃在建陽惟見大湖一親戚語近此耳至於心
意隱微亦頗得之信乎其不可揜也熹向蒙指喻一說
其一已叙次成文惟義理之說見得未分明說得不快
今且以泛論時事者代之大略如前書中之意到關萬

一得對畢即錄呈也但義利之說乃儒者第一義平時豈不講論及此今欲措辭斷事而茫然不知所以爲說無乃此身自坐在裏許而不之察乎此深可懼者此間亦未有便姑留此幅書以俟附行若蒙賜教只以附建寧陳丈處可也天氣未寒更乞爲道保重以慰瞻仰九月二十六日拜狀不備

祭文

道喪千載兩程勃興有的其緒龜山是承龜山之南道則與俱有覺其徒望門以趨惟時豫章傳得其宗一簞一瓢凜然高風猗歟先生早自得師身世兩忘唯道是

資精義造約窮深極微凍解冰釋發於天機乾端坤倪鬼秘神彰風霆之變日月之光爰曁山川草木昆蟲人倫之正王道之中一以貫之其外無餘縷析毫差其分則殊體用混圓隱顯昭融萬變並酬浮雲太空仁孝友弟洒落誠明清通和樂展也大成婆娑丘林世莫我知優哉游哉卒歲以嬉迫其季年德盛道尊有來摳衣發其蔽昏侯伯聞風擁篲以迎大本大經是度是程税駕云祈講議有端疢病乘之醫窮技殫嗚呼先生而止於斯命之不融誰實尸之合散屈伸消息滿虛廓然太公與化爲徒古今一息曷計短長物我一身孰爲窮達嗟

惟聖學不絶如綫先生得之既厚以全進未獲施退未
及傳殉身以殁孰云非天熹也小生丱角趨拜恭惟先
君實共源泒誾誾侃侃斂衽推先氷壺秋月謂公則然
施及後人敢渝斯志從遊十年誘掖諄至春山朝榮秋
堂夜空即事即理無幽不窮相期月深見勵彌切蹇步
方休鞭繩已掣安車暑行過我衡門返旆相遭涼秋已
分熹於此時適有命召問所宜言反覆教詔最後有言
吾子勉之凡玆衆理子所自知奉以周旋幸不失墜歸
裝朝嚴訃音夕至失聲長號涙落懸泉何意斯言而訣
終天病不舉扶没不飯含奔赴後人死有餘憾儀刑永

隔李業無期墜緒茫茫孰知我悲恁伏哭柩前奉奠以贄不亡者存鑒此誠意

遺事

楊驤問先生言行文公先生曰他却不曾著書充養得極好凡爲學也不過是恁地涵養將去初無異義只是先生睟面盎背自然不可及見朱子語類

文公先生曰李先生終日危坐而神彩精明略無隤墮之氣又曰先生氣象好又曰先生初間也是豪邁底人到後來也是琢磨之功又曰先生少年豪勇夜醉馳馬數里而歸後來養成徐緩雖行一二里路常委蛇緩步

如從容室中也又曰先生只是潛養思索他涵養自是
別眞所謂不為事物所勝者古人云終日無疾言遽色
他眞箇是如此尋常人去近處必徐行出遠處行必稍
急先生出近處也如此出遠處亦只如此尋常人叫一
人叫之一二聲不至則聲必厲先生叫之不至聲不加
於前也又如坐處壁間有字某每常亦須起頭一看若
先生則不然方其坐時固不看也若是欲看則必起就
壁下視之其不為事物所勝大率若此又曰先生居處
有常不作費力事所居狹隘屋宇卑小及子弟漸長逐
間接起又接起廳屋亦有小書室然甚整齊瀟洒安物

皆有常處其制行不異於人亦常爲任希純敎授延入學作職事居常無甚異同類如也眞得龜山門法又曰先生說一步是一步如說仁者其言也訒其當時爲之語云聖人如天覆萬物先生曰不要如是廣說須窮其言也訒前頭如何要得一進步處又曰李先生不要人強行須有見得處方行所謂灑然處然猶有偏在灑落而行固好未到灑落處不成不行亦須按本行之待其著察又曰先生好看論語自明而已謂孟子早是說得好了使人愛看了也其居在山間亦殊無文字看讀辨正更愛看春秋左氏初學於仲素只看經後侯師聖來

沙縣羅邀之至問伊川如何看云亦看左氏要見曲折
故始看左氏又曰先生有爲只用蠱卦又曰先生嘗云
人之念慮若是於顯然過惡萌動此却易見易除却怕
於匹似閑底事爆起來纏繞思念將去不能除此尤害
事熹向來亦是如此見性理大全朱子語類
葉賀孫問文公先生所作李先生行狀云終日危坐以
驗夫喜怒哀樂之前氣象爲何如而求所謂中者與伊
川之說若不相似文公曰這是舊日下得語太重今以
伊川之語格之則其下工夫處亦是有些子偏只是被
李先生靜得極了便自見得是有箇覺處不似別人今

終日危坐只是且收斂在此勝如奔馳若一向如此又似坐禪入定 見朱子語類

陳淳問延平李先生何故驗於喜怒哀樂未發之前而求所謂中文公曰只是要見氣象 見語類

廖德明論李先生之學常在目前文公曰只是君子戒謹所不睹恐懼所不聞便自然常存顏子非禮勿視聽言動正是如此 語類

文公先生嘗曰人若著些利害便不免開口告人却與不學之人何異向見李先生說若大段排遣不去只思古人所遭患難有大不可堪者持以自比則亦可以少

安矣始者甚卑其說以爲何至如此後來臨事却覺有得力處不可忽也又曰舊見李先生說必從師友者有所聞中間無講習之助幾成廢墮然賴天之靈此箇道理時常在心目間未嘗敢忘此可見其持守之功矣然則所見安得而不精所養安得而不熟耶又曰某舊見李先生時說得無限道理也曾去學禪先生云汝恁懸空理會得許多面前事却又理會不得道亦無玄妙只在日用間著實做工夫處理會便自見得後來方曉得他說故今日不至無理會爾　語類

文公先生嘗謂門人曰李先生云書不要熟看得更好

又曰看聖賢言語但一一綽看過便見道理者却是眞意思纔著心去看便差過了多又云天下事道理多如子瞻才智高亦或窺得然其得處便有病也　語類

文公先生嘗曰大抵思索義理到紛亂窒塞處須是一切掃去放教胸中空蕩蕩地了却舉起一看便自覺得有下落處此說向見李先生曾說來今日方眞實驗得如此又曰李先生意只是要得學者靜中有箇主宰存養處又曰李先生教人大抵令於靜中體認大本未發時氣象分明即處事應物自然中節此乃龜山門下相傳指訣　見語類

陳幾叟答先生書有曰仲素隱迹求志人罕知者吾友獨能自拔流俗而師尊之其爲識慮豈淺淺者所能窺測聖學無窮得其門者或寡况堂奧乎用是慶吾道之不孤而喜朋友之得人不獨今日也見豫章文集

先生既閑居無意當世而傷時憂國論事感激動人嘗曰今日三綱不振義利不分三綱不振故人心邪僻不堪任用是致上下之氣間隔而中國日衰義利不分故自王安石用事陷溺人心至今不自知覺人趨利而不知義則主勢日孤人主當於此留意不然則是所謂雖有粟吾得而食諸也

伊洛淵源續錄卷第二

伊洛淵源續錄卷第三

文公先生

行狀

先生姓朱氏諱熹字仲晦父朱氏爲婺源著姓以儒名家世有偉人吏部公韋齋冠擢進士第入館尚書郎兼史事以不附和議去國文章行義爲學者師號韋齋先生有文集行於世吏部公因仕入閩至先生始寓建之崇安五夫里今居建陽之考亭先生以建炎四年九月十五日午時生南劍尤溪之寓舍幼穎悟莊重能言韋齋指示曰此天也問曰天之上何物韋齋異之就傅授以

孝經一閱封之題其上曰不若是非人也嘗從群兒戲
沙上獨端坐以指畫沙視之八卦也少長厲志聖賢之
學於舉子業初不經意年十八貢于鄉中紹興十八年
進士第以左迪功郎主泉州同安簿涖職勤敏纖悉必
親郡縣長吏事倚以決苟利於民雖勞無憚職兼學事
選邑之秀民充弟子員訪求名士以爲表率日與講說
聖賢修己治人之道年方踰冠聞其風者已知學之有
師而尊慕之歷四考罷歸以奉親講學爲急二十八年
請奉祠監潭州南岳廟明年詔赴行在言路有抵抑奔
競以沮之者遂以疾辭三十二年祠秩滿再請孝宗即

位復因其任會有詔求直言因上封事其略言聖躬雖未有闕失帝王之學不可以不熟講朝政雖未有闕遺而修攘之計不可以不早定利害休戚雖不可徧以疏舉然本原之地不可以不加之意陛下毓德之初親御簡策不過諷誦文辭吟詠情性比年以來欲求大道之要又頗留意於老子釋氏之書記誦詞藻非所以探淵源而出治道虛無寂滅非所以貫本末而立大中帝王之學必先格物致知以極夫事物之變使義理所存纖悉畢照則自然意誠心正而可以應天下之務次言今日之計不過修政事攘夷狄然計不時定者講和之說

疑之也今虜於我有不共戴天之讎則不可和也義理明矣知義理之不可爲而猶爲之以有利而無害也以臣策之所謂和者有百害而無一利何苦而必爲之願疇咨大臣惣攬群策鑒失之之由求應之之術斷以義理之公參以利害之實閉關絶約任賢使能立紀綱厲風俗使吾修政攘夷之外了然無一毫可恃爲遷延中巳之資頃刻自安之意然後將相軍民無不曉然知陛下之志更相激厲以圖事功數年之外志定氣壯國富兵強視吾力之強弱觀彼釁之淺深徐起而圖之中原故地不爲吾有而將焉往次言四海利病係斯民之休

戚斯民休戚係守令之賢不肖監司者守令之綱朝廷者監司之本欲斯民之得其所本原之地亦在朝廷而已今之監司姦贓狠藉肆虐以病民者莫非宰執臺諫之親舊賓客其已失勢者既按見其交私之狀而斥去之尚在勢者豈無其人顧陛下無自知之耳明年改元隆興復召辭不許即入對其一言大學之道在乎格物以致其知蓋有是物必有是理然理無形而難知物有迹而易覩故因是物以求之使是理瞭然於心目之間而無毫髮之差則應乎事者自無毫髮之謬陛下雖有生知之性高世之行而未嘗隨事以觀理故天下之事多

所未察未嘗即理以應事故天下之事多所未明是以舉措之間動涉疑貳聽納之際未免蔽欺平治之效所以未著由不講乎大學之道而溺心於淺近虛無之過其二言君父之仇不與共戴天乃天之所覆地之所載凡有君臣父子之性者發於至痛不能自已之同情而非專出於一己之私然則今日所當爲者非戰無以復仇非守無以制勝是皆天理之同然非人欲之私忿也其三言古先聖王制御夷狄之道其本不在乎威強而在乎德業其任不在乎邊境而在乎朝廷其具不在乎兵食而在乎紀綱今日諫諍之塗尚壅佞幸之勢方張爵

賞易致而威罰不行民力已殫而國用未節則德業未可謂脩朝廷未可謂正紀綱未可謂立凡古先聖王所以強本折衝威制夷狄之道皆未可謂備而所諫不取封事之意而加剴切焉先生以為制治之原莫急於講學經世之務莫大於復讎至於德業成敗則決於君子小人之用舍故於奏對復申言之蓋學有定規事有定理而措之於言者如此除武學博士待次乾道改元促就職既至以時相方主和議請監南嶽廟以歸三年差充樞密院編修官待次五年三促就職會魏掞之以布衣召為國子錄因論曾覿而去遂力辭先生嘗兩進

絶和議抑僥倖之戒言既不行雖擢用御至不敢就出
處之義渙然有不可易者尋丁內艱六年復召以未終
喪辭七年既免喪復召以祿不及養辭四年之間辭者
六七九年有旨安貧守道廉退可嘉特改合入官主管台
州崇道觀先生以改秩畀祠皆進賢賞功優老報勤之
典今無故驟得之求退得進於義未安再辭淳熙元年
又再辭上意愈堅始拜命改宣教郎奉祠二年除秘書
郎先生以改官之命正以嘉其廉退今乃冒進擢之寵
是左右望而罔市利力辭時上諭大臣欲獎用廉退執
政以先生爲言故有是命會有言虛名之士不可用者

以故再辭即從其請主管武夷山冲佑觀五年差發遣南康軍事辭者四始之任先生自同安歸奉祠家居幾二十年間關貧困不以屬心涵養充積理明義精見之行事者益霈然矣至郡懇惻愛民如己隱憂興利除害惟恐不及屬邑星子土瘠稅重乞從蠲減章凡五六上歲值不雨講求荒政凡請於朝言無不盡官物之捐放倚閣蠲減除豁帶納如秋苗夏稅木炭月樁經總制錢之屬各視其色目爲之條奏或至三四不得請不已并奏請截留綱運乞轉運常平兩司撥錢米充軍糧備賑濟申嚴隣路斷港遏糴之禁選官吏授以方畧俾視境

内，具知荒歉分數、戶口多寡、蓄積虛實，通商勸分，多所全活。其施設次第，人爭傳錄以爲法。訖事，奏乞依格推賞納粟人者凡數四。郡濱大江，舟艤岸者遇大風輒淪溺。因募饑民築堤捍舟，民脫於飢，舟患亦息。先生視民如傷，至姦豪侵擾細民、撓法害政者，懲之不少貸。由是豪強斂戢，里閭安靖。數詣郡學，引進士子，與之講論。訪白鹿洞書院遺址，奏復其舊。又奏乞賜書院敕額及高宗御書石經板本九經注疏等書者至再。每休沐輒一至，諸生質疑問難，誨誘不倦。退則相與徜徉泉石間，竟日乃返。又求栗里陶靖節之居、西澗劉屯田之墓、孝子

熊仁瞻之聞旌顯之徒以不得悉行其志爲恨明年詔
監司郡守條具民間利病遂上疏言天下之大務莫大
於恤民恤民之本又在人君正心術以立紀綱今日民
間特以税重爲苦正緣一税之入朝廷盡取以供軍而
州縣無復贏餘則不免於二税之外別作名色巧取於
民今民貧賦重若不討理軍實去其浮冗則民力決不
可寛惟有選將吏覈兵籍可以節軍實開屯田可以
益軍儲練習民兵可以益邊備今日將帥之選率皆膏
粱子弟厮役凡流所得差遣爲費已是不貲到軍之日
惟望裒斂刻剝以償債負惣饋餉之任者亦皆倚負幽

隙交通貨賂其所驅役東南數十州之脂膏骨髓名爲供軍而輦載以輸權倖之門者不可以數計然則欲計軍實以紓民力必盡反前之所爲然後可以革也授將帥委利權一出於朝廷之公議則可以絶苞苴請託之私而刻剝之風可革務求忠勇沉毅實經行陣之人則可以革輕授非才之弊而軍士畏愛蒐閲以時竄名冗食者不得容於其間又擇老成忠實通曉兵農之務者使領屯田之事付以重權責以久任則可以漸省列屯坐食之兵稍損州郡供軍之數軍籍既覈屯田既成兵民既練州縣事力既紓然後可以禁其苛歛責其寬恤

庶幾窮困之民得保生業無復流移漂蕩之患矣所謂
其本在於正心術以立紀綱者蓋天下之紀綱不能以
自立必人主之心術公平正大無偏黨反側之私然後
紀綱有所繫而立君心不能以自正必親賢臣遠小人
講明義理之歸閉塞私邪之路然後乃可得而正今宰
相臺省師傅賓友諫諍之臣皆失其職而陛下所與親
密謀議者不過一二近習之臣此一二小人者上則蠱
惑陛下之心志使陛下不信先王之大道而悅於功利
之卑說不樂莊士之讜言而安於私暬之鄙態下則招
集士大夫之嗜利無恥者文武彙分各入其門所喜則

陰爲引援擢寘清顯所惡則密行訾毀公肆擠排交通貨賂則所盜者皆陛下之財命卿置將則所竊者皆陛下之柄陛下所謂宰相師傅賓友諫諍之臣或反出入其門墻承望其風指其幸能自立者亦不過齟齬自守而未嘗敢一言以斥之其甚畏公論者乃略能驚逐其徒黨之一二既不能深有所傷而終亦不敢明言以擣其囊橐窟穴之所在勢成威立中外靡然向之使陛下之號令黜陟不復出於朝廷而出於此一二人之門名爲陛下之獨斷而實此一二人者陰執其柄蓋其所壞非獨壞陛下之紀綱乃併與陛下所以立紀綱者而壞

之則民又安可得而恤財又安可得而理軍政何自而修士宇何自而復宗廟之讎恥又何時而可雪耶先生在任嘗用劉子奏事復因群諫言劉子非舊制遂奏乞罷黜又以致人户逃移自効者再以疾請奉祠者五將滿除江西提舉常平茶鹽事待次初廟堂議遣先生使蜀上意不欲其遠去故有是命詔以修舉荒政民無流殍除直秘閣凡三辭皆以前所奏納粟人未推賞辭以先被恩命會淛東大飢易提舉淛東常平茶塩事時民已艱食即日單車就道復以南康納粟人未推賞辭職名且乞奏事之任納粟賞行遂受職名入對其一言陛

下臨御二十年間水旱盜賊略無寧歲意者德之崇未至於天與業之廣未及於地與政之大者有未舉而小者無所繫與刑之遠者或不當而近者或幸免與君子有未用而小人有未去與大臣失其職而賤者竊其柄與直諒之言罕聞而諂諛者衆與德義之風未著而汙賤者騁與貨賂或上流而恩澤不下究與責人或已詳而反躬有未至與夫必有是數者然後足以召災而致異其一言陛下即政之初蓋嘗選建英豪任以政事不幸其間不能盡得其人是以不復廣求賢哲而姑取軟熟易制之人以充其位於是左右私褻使令之賤始得

以奉燕閒備驅使而宰相之權日輕又慮其勢有所偏
而因重以壅己也則時聽外廷之論將以隳察此輩之
負犯而操切之陛下既未能循天理公聖心以正朝廷
之大體則固已失其本矣而又欲兼聽士大夫之公言
以爲駕馭之術則士大夫之進見有時而近習之從容
無間士大夫之禮貌既莊而難親其議論又苦而難入
近習便嬖側媚之態既足以蠱心志其胥史狡獪之術
又足以眩聰明此其生熟甘苦既有所分陛下未及施
其駕馭之術而先墮其數中矣是以雖欲微抑此輩而
此輩之勢日重雖欲兼采公論而士大夫之勢日輕重

者既挾其重以竊陛下之權輕者又借力於所重以爲竊位固寵之計中外相應更濟其私日往月來浸淫耗蝕使陛下之德業日隳綱紀日壞邪佞充塞貨賂公行兵愁民怨盜賊間作災異數見饑饉荐臻群小相挺人人皆得滿其所欲惟有陛下了無所得而國家顧乃獨受其弊其三言救荒利害如州縣旱傷早行檢放從實蠲減勸諭人戶賑糶務得其平納粟之人早行推賞所納米數仍減其半乞撥豐儲倉米三十餘萬石以備濟糶州縣新舊官物並且住催紹興丁身等錢預行蠲放及免米商力勝稅錢且立賞格官吏違慢者奏劾昏病

者別與差遣仍差選得替待闕宮觀特限官員時暫管幹其四言水旱三分以上第五等戶免檢放五分以上第四等戶依此施行乞行者令及請推行社倉條約於諸路其五言紹興和買乞議革其弊其六言南康當乞蠲減星子租稅有司拒以對補各細鄙彼不達大體其七言白鹿書院請賜書額先生所對奏劄凡七其一二皆自書以防宣洩又以南康所上封事繕寫成冊用袋重封於闕門投進後五劄亦有非一時救荒之急者當倥偬不暇給之際而憂深慮遠從容整暇蓋急於救民瘼竭忠悃不敢有所隱也先生所居之鄉每歲春夏

之人交豪户閉糶牟利細民發廩強奪動相賊殺幾至挺
變先生嘗帥鄉人置社倉以賑貸之米價不登人得安
業至是乞推行之白鹿書院事本不暇及前期執政使
人諭以上意且勿言先生因念主上未必有鄙薄儒生之
意而大臣先爲此言不可及對卒言之上委曲訪問悉
從其請先生初拜命即移書他郡募米商蠲其征及至
客舟之米已輻湊復以入奏荒政數事推廣條上情詞
懇惻條目詳悉日與僚屬寓公鉤訪民隱至廢寢食分
畫既定按行所部窮山長谷靡所不到拊問存恤所活
不可勝計每出皆乘單車屏徒從所歷雖廣而人不知

郡縣官吏憚其風采倉皇驚懼常若使者歷其境至有自引去者由是所部肅然而尤以戢盜捕蝗興水利爲急大抵措畫悉如南康時而用心尤苦初奏紹興和買之弊至是乞先與痛減歲額然後用貫頭科敷惟恐其下戶受其弊則請參用高下等第均敷及減免下戶丁錢以優之又乞免台州丁錢至於差役利害亦嘗條具數千言申省義役之法則乞令均出義田罷去役首免排役次官差保正副長輪收義田仍令上戶兼充戶長又乞取會福建下四州見行產鹽法行於本路沿海四州又乞依處州見行之法改諸郡酒坊為萬戶於救荒

之餘猶悉及他事以爲經久之計先生猶以徒費大農數十萬緡無以全活一道飢民自劾又以擅後奏請多見抑却幸而從者又率暫緩後辭無益於事蝗旱相仍不勝憂憤徑奏言爲今之計獨有斷自聖心沛然發號責躬求言然後君臣相戒痛自省改其次惟有盡出內庫之錢以供大禮之費爲收糴之本詔戶部無得催理舊欠詔諸路漕臣遵依條限檢放税租詔宰臣沙汰被災路分州軍監司守臣之無狀者遴選賢能責以荒政庶幾猶足以下結人心消其乘時作亂之意不然臣恐所憂者不止於餓殍而在於盜賊蒙其害者不止於官

吏而上及於國家也復上時宰書云朝廷愛民之心不如惜費之甚是以不肯為極力救民之事明公憂國之念不如愛身之切是以但務為阿諛順指之計然民之與財孰輕孰重身之與國孰大孰小財散猶可復聚民心一失則不可復收身危猶可復安國勢一傾則不可復正至於民散國危而措身無所則其所愛有不為大盜積者耶九年以賑濟有勞進直徽猷閣辭知台州唐仲友與時相王淮同里為姻家遷江西提刑未行先生行部訟者紛然得其姦贓偽造楮幣事劾之時久旱而雨奏上淮匿不以聞仲友亦自辯且言弟婦王氏驚

悸病篤論愈力章至十上事下紹興府鞫之獄具情得乃奪其新命授先生先生以爲是蹊田而奪之牛辭不拜遂歸尋令兩易江東辭及辭職名且言唐仲友雖寢新命已且其之獄竟釋不治則是所按不實難以復治恩賞竝不許授職名再辭新任且乞奉祠言所劾贓吏黨與衆多竝當要路大者宰制斡旋於上小者馳騖經營於下若其爪牙於臣不遺餘力則遠至師友淵源之所自亦復無故横肆觝排爲臣之計惟有乞身就閑或可少紓患害時從臣有奉時相意上疏毀程氏之學以陰詆先生者故有是言十年差主管台州崇道觀先生宗

南康使淛東始得行其所學已試之效卓然而卒不果用退而奉崇道雲臺鴻慶之祠者五年自是海內學者尊信益衆十四年除提點江西刑獄公事待次以疾辭不許遂拜命十五年促奏事又以疾辭不許遂行又以疾請奉祠者再淮罷相遂力疾入奏首言近年以來刑獄不當輕重失宜甚至涉於人倫風化之重者有司議刑亦從流宥之法則天理民彝幾何不至於泯滅又言州郡獄官乞注有舉主關陞及任滿銓試第二等以上人常調關陞及省部胥吏並不得注擬若縣獄則專委之令或不得人則無所不至亦望縣丞或主簿同行推

訊又言提刑司管催經總制錢起於宣和末年倉卒用兵權宜措畫其始亦但計其出納之實數而隨以取之及紹興經界民間投印違限契約所入倍於常歲自後遂以是年爲額而立爲比較之說甚至於傷檢放倚閣錢米已無所入而經總制錢獨不豁除州縣之煎熬何日而少紓斯民之愁嘆何時而少息又言江西諸州科罰之弊至其末篇乃言陛下即位二十有七年而因循荏苒無尺寸之效可以仰酬聖志嘗反覆而思之無乃燕閒蠖濩之中虛明應物之地天理有未純人欲有未盡歟天理未純是以爲善不能充其量人欲未盡是以

除惡不能去其根一念之頃公私邪正是非得失之機明分角立交戰於其中故禮貌大臣非不厚而便嬖側媚得以深被腹心之寄寤寐豪英非不切而柔邪庸繆得以久竊廊廟之權非不樂聞公議正論而有時不容非不堲讒說殄行而未免誤聽非不欲報復陵廟讎恥而不免畏怯苟安非不愛養生靈財力而未免嘆息愁怨凡若此類不一而足願陛下自今以往一念之頃則必謹而察之此爲天理耶爲人欲耶果天理也則敬以充之而不使其少有壅閼果人欲也則敬以克之而不使其少有凝滯推而至於言語動作之間用人處事

之際無不以是裁之則聖心洞然中外融徹無一毫之私欲得以介乎其間而天下之事將惟陛下之所欲爲無不如志矣是行也有要之於路以正心誠意爲上所厭聞戒以勿言者先生曰吾平生所學只有此四字豈可回互而欺吾君乎及奏上未嘗不稱善曰久不見卿淛東之事朕自知之今當處卿清要不復勞卿州縣除兵部郎以足疾丐祠未供職本部侍郎林栗前數日與先生論易西銘不合至是遣部吏抱印迫以供職先生以疾告遂疏先生欺慢時上意方嚮先生欲易以他部郎時相覺請授以前江西之命仍舊職名又令吏部給

遷改官以後不曾陳乞磨勘蓋先生改秩既出特恩其後累任祠官無績可考以故不曾陳乞磨勘者十有四年先生行且辭曰論者謂臣事君無禮爲人臣子有此名罪當誅戮豈可復任外臺耳目之寄章再上除直寶文閣主管西京嵩山崇福宮栗亦罷辭磨勘及職名不許轉朝奉郎未踰月再召時廟堂知上眷厚憚先生復入故爲兩罷之策上悟先生復召受職名辭召命以爲遷官進職皆爲許其閑退方竊難進易退之褒復爲彈冠結綬之計則其爲世觀笑不但往來屑屑之譏又促召初先生入奏事迫於疾作當面奏以爲口陳之說有

所未盡乞具封事以聞至是再辭遂併具封事投匭以進其略曰今天下大勢如人有重病内自心腹外達四肢無一毛一髮不受病者臣不暇言且以天下之大本與今日之急務為陛下言之蓋大本者陛下之心急務則輔翼太子選任大臣振舉綱維變化風俗愛養民力修明軍政六者是也古先聖王兢兢業業持守此心雖在紛華波動之中幽獨得肆之地而所以精之一之克之復之如對神明如臨淵谷猶恐隱微之間或有差失而不自知是以建師保之官列諫諍之職凡飲食酒漿衣服次舍器用財賄與夫宦官宮妾之政無一不領於

冢宰使其左右前後一動一靜無不制以有司之法而無纖芥之隙瞬息之頃得以隱其毫髪之私陛下之所以精一克復而持守其心果有如此之功乎所以修身齊家而正其左右果有如此之效乎宮省事禁臣固不得而知然爵賞之濫貨賂之流閭巷竊言久已不勝其籍籍則陛下所以修之家者恐其未有以及古之聖王也至於左右便嬖之私恩遇過當往者淵覿説抃之徒勢焰熏灼傾動一時今已無可言矣獨前日臣所面陳者雖蒙聖慈委曲開譬然臣之愚竊以爲此輩但當使之守門傳命供掃除之役不當假借崇長使得逞邪媚

作淫巧於内以蕩上心前後招權勢於外以累聖政臣竊聞之道路自王抃既逐之後諸將差除多出此人之手陛下竭生靈膏血以奉軍旅而軍士顧乃未嘗得一溫飽是皆將帥巧爲名色奪取其粮肆行貨賂於近習以圖進用出入禁闥腹心之臣外交將帥共爲欺蔽以至於此而陛下不悟反寵暱之以是爲我之私人至使宰相不得議其制置之得失給諫不得論其除授之是非則陛下所以正其左右者未能及古之聖王又明矣至於輔翼太子則自王十朋陳良翰之後宮寮之選號爲得人而能稱其職者蓋已鮮矣而又時使邪佞儇

薄闒冗庸妄之輩或得參錯於其間所謂講讀亦姑以應文備數而未聞其有箴規之效至於從容朝夕陪侍遊燕者又不過使臣宦者數輩而已唐之六典東宮之官師傅賓客既職輔道而詹事府兩春坊實擬天子之三省故以詹事庶子領之今則師傅賓客既不復置而詹事庶子有名無實其左右春坊遂直以使臣掌之何其輕且褻之甚耶夫立太子而不置師傅賓客則無以發其隆師親友尊德樂義之心獨使春坊使臣得侍左右則無以防其戲慢媟狎奇衺雜進之害宜討論前典置師傅賓客之官罷去春坊使臣而使詹事庶子各復

其職至於選任大臣則以陛下之聰明豈不知天下之事必得剛明公正之人而後可任哉其所以常不得如此之人而反容鄙夫之竊位者直以一念之間未能徹其私邪之蔽而燕私之好便嬖之流不能盡由於法度若用剛明公正之人以為輔相則恐其有以防吾之事害吾之人而不得肆是以選掄之際常先排擯此等寘之度外而後取凡疲懦軟熟平日不敢直言正色之人而揣摩之又於其中得其至庸極陋決可保其不至於有所妨者然後舉而加之於位是以除書未出而物色先定姓名未顯而中外已逆知其決非天下之第一流

矣至於振肅紀綱變化風俗則今日宮省之間禁密之地而天下不公之道不正之人顧乃得以窟穴盤據於其間而陛下目見耳聞無非不公不正之事則所以熏蒸銷鑠使陛下好善之心不著疾惡之意不深其害已有不可勝言者矣及其作姦犯法則陛下又未能深割私愛而付諸外廷之議論以有司之法是以紀綱不能無所撓敗紀綱不正於上是以風俗頽弊於下蓋其為害之日久矣而浙中為尤甚大率習為軟美之態依阿之言以不分是非不辯曲直為得計下之事上固不敢小忤其意上之御下亦不敢稍拂其情惟其私意之所

在則千塗萬轍經營計較必得而後已甚者以金珠爲
脯醢以契券爲詩文宰相可啗則啗宰相近習可通則
通近習惟得之求無復廉恥一有剛毅正直守道循理
之士出乎其間則群譏衆排指爲道學而加以矯激之
罪十數年來以此二字禁錮天下之賢人君子復如崇
宣之間所謂元祐學術者排擯詆辱必使無所容其身
而後已嗚呼此豈治世之事而尚復忍言之哉至於愛
養民力修明軍政則自虞允文之爲相也盡取版曹歲
入窠名之必可指擬者號爲歲終羨餘之數而輸之内
帑顧以其有名無實積累挂欠空載簿籍不可催理者

撥還版曹以爲内帑之積將以備他日用兵進取不時之須然自是以來二十餘年内帑歲入不知幾何而認爲私貯典以私人宰相不得以式貢均節其出入版曹不得以簿書勾考其在亡其日銷月耗以奉燕私之費者蓋不知其幾何矣而曷嘗聞其能用此錢以易胡人之首如太祖皇帝之言哉徒使版曹經費闕乏日甚督趣日峻以至廢去祖宗以來破分良法而必以十分登足爲限以爲未足則又造爲比較監司郡守殿最之法以誘脅之於是中外承風競爲苛急此民力之所以重困也諸將之求進也必先掊尅士卒以殖私財然後以

匹自結於陛下之私人而斬以姓名達於陛下之貴將貴將得其姓名即以付之軍中使自什伍以上節次保明稱其材武堪任將帥然後具爲奏牘而言之陛下之前陛下但見其等級推先案牘具備則誠以爲公薦而可以得人矣而豈知其論價輸錢已若晩唐之債帥哉夫將者三軍之司命而其選置之方乖剌如此則彼智勇材畧之人孰肯抑心下首於宦官宮妾之門而陛下之所得以爲將帥者皆庸夫走卒而猶望其修明軍政激勸士卒以強國勢豈不誤哉凡此六事皆不可緩而其本在於陛下之一心一心正則六事無不正一有人

心私欲以介乎其間則雖欲備精勞力以求正夫六事
者亦將徒爲文具而天下之事愈至於不可爲矣疏入
夜漏下七刻上已就寢亟起秉燭讀之終篇明日除主
管太乙宮兼崇政殿說書時上已有倦勤之意蓋將以
爲燕翼之謀先生嘗草奏疏言講學以正心修身以齊
家遠便嬖以近忠直抑私恩以抗公道明義理以絕神
姦擇師傅以輔皇儲精選任以明體統振綱紀以厲風
俗節財用以固邦本修政事以攘夷狄凡十事欲以爲
新政之助會執政有指道學爲邪氣者力辭新命除秘
閣修撰仍奉外祠遂不果上先生當孝宗朝陛對者三

上封事者一其初固以講學窮理為出治之大原其後則直指天理人欲之分精一克復之義其初固以當世急務一二為言其後封事之上則心術宮禁時政風俗披肝瀝膽極其忠鯁蓋所望於君父愈深而其言愈切故於封事之末有曰日月逾邁如川之流一往而不復不惟臣之蒼顏白髮已迫遲暮而竊仰天顏亦覺非昔時矣忠誠懇惻至今讀者猶為之涕下先生進疏雖切孝宗亦開懷容納武愽編摩秘省郎曹之除蓋引以自近守南康持淛東江西之節又知其不可強留而授之至是復有經帷之命先生之盡忠孝宗之受盡言亦未

為不遇也然先生進言皆痛詆大臣近習孝宗之眷愈厚而嫉者愈深是以不能一日安其身於朝廷之上而孝宗內禪矣光宗即位再辭職名仍舊直寶文閣降詔獎諭除江東轉運副使以疾辭者再覃恩轉朝散郎賜緋衣銀魚改知漳州又再以疾辭不許時光宗初政再被除命遂以紹熙元年之任奏除屬縣無名之賦七百萬減經總制錢四百萬加意學校教誘諸生如南康時又以習俗未知禮採古喪葬嫁娶之儀揭以示之命父老解說以教子弟釋氏之教南方為盛男女聚僧廬為傳經會女不嫁者私為庵舍以居悉為之禁俗大變郡

有故迪功郎高登忤秦檜貶死爲奏請昭雪褒其直會
朝論欲行泉漳汀三州經界先生初仕同安已知經界
不行之害至是訪事宜擇人物以至弓量之法洞見本
末遂疏其事上之且言必可行之說三將必至於不能
行之說一蓋謂經界法行息争止訟大爲民利而占田
隱稅侵漁貧弱者所不便及其宣德意榜之通衢則邦
民鼓舞而寓公豪右更爲異議以沮之遂因地震及足
疾不赴錫宴自劾甚力有旨先行漳州經界南方春旱
事已無及明年屬有嗣子之喪再請奉祠除秘閣修撰
主管南京鴻慶宮先生以當上初政嘗辭前件職名已

降褒詔從其請難以復受辭者再詔論撰之職以寵名儒乃拜命除荊湖南路轉運副使再辭漳州經界竟報罷遂以前言經界可行自劾三年再以病辭乞補滿宮觀從之又數月差知靜江府廣南西路經略安撫辭四年又辭主管南京鴻慶宮未幾差知潭州荊湖南路安撫以辭遠就近不為無嫌力辭五年再辭有旨長沙巨屏得賢為重會洞獠擾屬郡遂拜命赴鎮至則遣人諭以禍福皆降之申教令嚴武備戢姦吏抑豪民先生所至必興學校明教化湖湘士子素知學日伺公退則請質所疑先生為之講說不倦四方之學者畢至又以南

康漳州所申改正釋奠儀式爲請錄故死節五人爲之
立廟孝宗外遐先生哀慟不能自勝又聞上以疾不能
執喪中外洶洶益憂懼遂申省乞歸田里言天下國家
所以長久安寧惟賴朝廷三綱五常之教建立修明於
上然後守藩述職之臣有以稟承宣布於下所以內外
相維小大順序雖有強猾姦宄無所逞志不然以一介
書生置諸數千里軍民之上亦何所憑恃而能服其衆
哉又艸封事極言父子天性不應以小嫌廢彝倫言頗
切直會今上禪位不果上上在潛邸聞先生名每恨不
得先生爲本宮講官至是首召奏事先生行且辭除煥

章閣待制侍講辭不許又再辭且言陛下嗣位之初方將一新庶政所宜愛惜名器若使倖門一開其弊豈可復塞至於博延儒臣專意講學精求所以得親懽者爲建極道民之本思所以大振朝綱者爲防微慮遠之圖顧問之臣實資輔養用人或繆所繫非輕蓋先生在道聞南内朝禮尚闕近習已有用事者故預有是言又不許遂奏乞且依元降旨揮帶元官職奏事者再及入對首言乃者天運艱難國有大咎所謂天下之大變而不可以常理處者大皇太后躬定大策陛下寅紹丕圖可謂處之以權而庶幾不失其正矣然自頃至今亦既三

月或反不能無疑於逆順名實之際禍亂之本又已伏於冥冥之中竊為陛下憂之猶有可諉者亦曰陛下之心前日未嘗有求位之計今日未嘗忘思親之懷此則道心微妙之全體天理發用之本然所以行權而不失其正之根本也誠即是心而充之則所謂求仁得仁而無怨終身訢然樂而忘天下者是有以知陛下之不難矣借曰天命神器不可無傳宗廟社稷不可無奉則轉禍為福易危為安亦豈可舍此而他求哉充吾未嘗求位之心則可以盡吾負罪引慝之誠充吾未嘗忘親之心則可以致吾溫凊定省之禮始終不越乎此而大倫

正大本立矣次言為學莫先於窮理窮理必在於讀書讀書之法莫貴於循序而致精致精之本又在於居敬而持志又三劄言湖南歲計入少出多不可支吾之義減差到諸班換授歸正雜色補官員數邵州邊防全無措畫以致猺人侵犯乞移置寨柵增撥戍兵潭州城壁乞行計度修築既對而辭待制侍講不許翌日又辭待制職名乞改作說書差遣以為未得進說而先受厚恩萬一異時未效涓埃而疾病不支遂竊侍從職名而去則臣死有餘罪上手札卿經術淵源正資勸講次對之職勿復牢辭以副朕崇儒重道之意遂拜命會趙彥逾

按視孝宗山陵以為土內淺薄掘深五尺下有水石旋
取新穴比舊僅高尺餘孫逢吉覆按亦乞少寛日月別
求吉兆有旨集議臺史憚之議遂中寢先生竟上議狀
言壽皇聖德神功宜得吉土以奉衣冠之藏嘗廣求術
士博訪名山不宜偏信臺史因上誤國之言固執紹興
坐南向北之說委之水泉砂礫之中殘破浮淺之地不
報罷恩轉朝請即賜紫章服兼實錄院同修撰再辭不
許拜命受詔進講大學先生以平日論著敷陳開析務
積誠意以感上心遂奏乞除朔望旬休及過宮日分不
以寒暑雙隻日月諸假故並令早晚進講又乞置局看

詳四方封事端慶節免稱賀皆從之復因有旨修[illegible]葺
東宮為屋三數百間遂具四事奏言當上帝震怒災異
數出幾甸百姓飢餓流離太上皇帝未獲進見壽皇因
山未下太皇太后皇太后皆以尊老之年煢然憂苦不
豈大興土木以就安便壽康定省之禮所宜下詔自責
頻日繼往顧乃逶迤舒緩無異尋常太上皇帝必以為
此特備禮而來其深閉固拒而不得見亦宜矣朝廷紀
綱在所當嚴上自人主下至百執各有職業不可相侵
今進退宰執移易臺諫皆出陛下 之獨斷大臣不與謀
給舍不及議正使其事悉當於理亦非為治之體況中

外傳聞皆謂左右或竊其柄而其所行又未能盡允於公議乎此弊不革臣恐名爲獨斷而主威未免於下移欲以求治而反不免於致亂未復申言嬪宫之下不宜偏聽臺史膠固繆妄之言墮其交結眩惑之計皆不報先生進講每及數次復以前所講者編次成帙以進上亦開懷容納且面諭以求放心之説甚善所進冊子宫中常讀之今後更爲點來先生知上有意於學遂以剳子勉上進德其略言願陛下日用之間語黙動静必求放心以爲之本而於玩經觀史親近儒學已用力處益用力焉數召大臣切劘治道俾陳今日要務略如仁祖

開天章閣故事至於群臣進對亦賜温顔反覆詢訪以求政事之得失民情之休戚而又因以察其人才之邪正短長度於天下之事各得其理又奏禮經勅令子爲父嫡孫承重爲祖父皆斬衰三年嫡子當爲父後不能襲位執喪則嫡孫繼統而代之執喪自漢文短喪歷代因之天子遂無三年之喪爲父且然則嫡孫承重可知人紀廢壞三綱不明千有餘年莫能釐正壽皇聖帝至性自天孝誠内發易月之外猶執通喪朝衣朝冠皆以大布所宜著在方册爲世法程間者遺詔初頒太上皇帝偶違康豫不能躬就喪次陛下以世嫡承大統則承

重之服著在禮律所宜遵壽皇已行之法一時倉卒不
及詳議遂用漆紗淺黃之服不惟上違禮律且使壽皇
已行之禮舉而復墜臣竊痛之然既往之失不及追改
惟有將來啟殯發引禮當復用初喪之服則其變除之
節尚有可議欲望明詔禮官稽考禮律豫行指定會孝
宗祔廟議宗廟迭毀之次有請并祧僖宣二祖奉太祖
居第一室祫祭則正東向之位者有旨集議僖順翼宣
四祖祧主宜有所歸自太祖皇帝首尊四祖之廟以僖
祖為四祖之首治平間議者以世數寖遠請遷僖祖於
夾室未及數年王安石等奏僖祖有廟與稷契無異請

復其舊詔從之時㫖雖不以熙寧復祀僖祖爲是先生度難以口舌爭遂移疾上議狀條其不可者四以爲藏之夾室則是以祖宗之主下藏於子孫之夾室至於祫祭設幄於夾室之前則亦不得謂之祫欲別立一廟則喪事即遠有毀無立欲藏之天興殿則宗廟原廟不可相雜議者皆知其不安特以其心急欲尊奉太祖三年一祫時暫東向之故不知其實無益於太祖之尊而徒使僖祖太祖兩廟威靈相與爭較強弱於冥冥之中并使四祖之神疑於受擯彷徨躑躅不知所歸令人傷痛不能自已今但以太祖當日追尊帝號之心而默推之

則知太祖今日在天之靈如此必有所不忍又況僖祖祧主遷於治平不過數年神宗皇帝復奉以爲始祖以爲得禮之正而合於人心所謂有其舉之而莫敢廢者乎又擬爲廟制以辨議者一旦併遷僖宣祖析太祖太宗爲二之失復引元祐大儒程頤之說以爲物豈有無本而生者今日天下基本蓋出僖祖安得爲無功業議狀既上廟堂持之不以聞即毀撤僖宣廟室更剏別廟以奉四祖宰相既有所偏主樓鑰陳傅良又復牽合裝綴以附其說先生所議頗達上聽忽有旨召赴內殿奏事因節略狀文及爲劄子畫圖以進上然之且曰僖祖

國家始祖高宗孝宗太上皇帝不曾遷今日豈敢輕議
欲令先生於榻前撰數語以御批直罷其事先生懲內
批之弊因言乞降出劄子再令臣僚集議既退復以上
意喻廟堂而事不行經生學士知禮者皆是先生一時
異議之徒忌其軋己權姦遂從而乘之上之立丞相趙
汝愚客與知閤門事韓侂胄謀之侂胄於太皇太后爲
親屬因得通中外之言侂胄自謂有定策功居中用事
先生自長沙辭免待制侍講已微寓其意及進對復再
三面言又約吏部侍郎彭龜年共攻之龜年出護使客
侂胄益得志先生又於所奏四事疏斥言左右竊柄之

失後因講筵留身復申言前疏乞賜施行既退即降御批云憫卿耆艾方此隆冬恐難立講已除卿宮觀宰相執奏不行明日徑以御批付下臺諫給舍亦爭留不可除寶文閣待制與州郡差遣力辭尋除知江陵府又力辭仍乞追還新舊職名詔依舊煥章閣待制提舉南京鴻慶宮慶元元年又乞追還舊職不許趙丞相亦罷謫以不軌謫永州丞相既當大任收召四方知名之士中外引領以觀新政先生獨惕然以侂冑用事為慮既屢為上言又數以手書遣生徒密白丞相當以厚賞酬其勞勿使得預朝政且有分界限立紀綱防微杜漸謹不

可忽之意丞相方謂其易制所倚以爲腹心謀事之人
又皆持祿苟安無復遠慮丞相既逐而朝廷大權悉歸
侂胄先生自念身雖閑退尚帶侍從職名不敢自嘿遂
艸書萬言極言姦邪蔽主之禍因以明其寃詞旨痛切
諸生更諫以筮決之遇遯之同人先生默然退取諫藁
焚之自號遯翁以朝議不合乞改還職名又以疾乞休
致不許先是吏部取會磨勘至是轉朝奉大夫又辭職
名乞休致又以嘗妄議山陵自劾又言已罷講官不敢
復帶侍從職名詔依舊祕閣修撰二年又言昨來疏封
錫服封贈蔭補磨勘轉官皆爲已受從官恩數乞改正

沉繼祖爲監察御史上章誣詆落職罷祠四年十二月以來歲年及七十申乞致仕五年依所請六年三月甲子終于正寢十一月壬申葬建陽縣唐石里之大林谷嘉泰二年除華文閣待制與致仕恩澤傳伯壽故家子嘗執弟子禮恨不薦己先生辭次對除修撰也伯壽行詞有慢僞等語及先生沒伯壽守建寧又不以聞故復職之命猶生存也自先生去國侂胄勢益張鄙夫儉人迹合其意以學爲僞謂貪黷放肆乃人真情絜廉好禮者皆僞也科舉取士稍涉經訓者悉見排黜文章議論根於理義者竝行除毀六經語孟悉爲世之大禁猾胥

賤隷頑鈍無恥之徒往往引用以致卿相繩趍尺步稍以儒名者無所容其身從遊之士特立不顧者屏伏丘壑依阿巽懦者更名他師過門不入甚至變易衣冠狎遊市肆以自別其非黨先生與諸生講學竹林精舍有勸以謝遣生徒者笑而不答先生既沒善類悉已非擯羣小之勢已成侂胄志氣驕溢遂至擅開邊釁幾危宗社而生靈塗炭矣開禧三年侂胄伏誅凶徒憸黨根株斥戮嘉定元年詔賜謚與遺表恩澤明年賜謚曰文又明年贈中大夫特贈寶謨閣直學士後以明堂恩累贈通議大夫先生平居惓惓無一念不在於國聞時政之

闕失則戚然有不豫之色語及國勢之未振則感慨以至泣下然謹難進之禮則一官之拜必抗章而力辭厲易退之節則一語不合必奉身而亟去其事君也不貶道以求售其愛民也不徇欲以苟安故其與世動輒齟齬自筮仕以至屬纊五十年間歷事四朝仕於外者僅九考立於朝者四十日道之難行也如此然紹道統立人極爲萬世宗師則不以用舍爲加損也自韋齋先生得中原文獻之傳聞河洛之學推明聖賢遺意日誦大學中庸以用力於致知誠意之地先生蚤歲已知其說而心好之韋齋病且亟屬曰籍溪胡原仲白水劉致中

屏山劉彥冲三人吾友也學有淵源吾所敬畏吾即死汝往事之而惟其言之聽則吾死不恨矣先生既孤則奉以告三君子而稟學焉時年十有四慨然有求道之志博求之經傳徧交當世有識之士雖釋老之學亦必究其歸趣訂其是非延平李先生學於豫章羅先生羅先生學於龜山楊先生延平於韋齋爲同門友先生歸自同安不遠數百里徒步往從之延平稱之曰樂善好義鮮與倫比又曰穎悟絕人力行可畏其所論難體認切至自是從遊累年精思實體而學之所造者益深矣其爲學也窮理以致其知反躬以踐其實居敬者所以

成始成終也謂致知不以敬則昏惑紛擾無以察義理之歸躬行不以敬則怠惰放肆無以致義理之實持敬之方莫先主一既爲之箴以自警又筆之書以爲小學大學皆本於此終日儼然端坐一室討論典訓未嘗少輟自吾一心一身以至萬事萬物莫不有理存此心於齊莊靜一之中窮此理於學問思辯之際皆有以見其所當然而不容已與其所以然而不可易然克其知而見於行者未嘗不反之於身也不睹不聞之前所以戒懼者愈嚴愈敬隱微幽獨之際所以省察者愈精愈密思慮未萌而知覺不昧事物既接而品節不差無所容

乎人欲之私而有以全乎天理之正不安於偏見不急於小成而道之正統在是矣其爲道也有太極而陰陽分有陰陽而五行具稟陰陽五行之氣以生則太極之理各具於其中天所賦爲命人所受爲性感於物爲情統性情爲心根於性則爲仁義禮智之德發於情則爲惻隱羞惡辭讓是非之端形於身則爲手足耳目口鼻之用見於事則爲君臣父子夫婦兄弟朋友之常求諸人則人之理不異於己參諸物則物之理不異於人貫徹古今充塞宇宙無一息之間斷無一毫之空闕莫不析之極其精而不亂然後合之盡其大而無餘先生之

於道可謂建諸天地而不悖質諸聖賢而無疑矣故其得於己而爲德也以一心而窮造化之原盡性情之妙達聖賢之蘊以一身而體天地之運備事物之理任綱常之責明足以察其微剛足以任其重弘足以致其廣毅足以極其常其存之也虚而靜其發之也果而確其用之也應事接物而不窮其守之也歴變履險而不易本末精粗不見其或遺表裏初終不見其或異至其養深積厚矜持者純熟嚴厲者和平心不待操而存義不待索而精猶以爲義理無窮歳月有限常慊然有不足之意蓋有日新又新不能自已者而非後學之所可擬

議也其可見之行則修諸身者其色莊其言厲其行舒
而恭其坐端而直其閒居也未明而起深衣幅巾方履
拜於家廟以及先聖退坐書室几案必正書籍器用必
整其飲食也羹食行列有定位匙箸舉措有定所倦而
休也瞑目端坐休而起也整步徐行中夜而寢既寢而
寤則擁衾而坐或至達旦威儀容止之則自少至老祁
寒盛暑造次顛沛未嘗有須臾之離也行於家者奉親
極其孝撫下極其慈閨庭之間内外斬斬恩義之篤怡
怡如也其祭祀也事無纖鉅必誠必敬小不如儀則終
日不樂已祭無違禮則油然而喜死喪之威哀戚備至

飲食衰絰各稱其情賓客往來無不延遇稱家有無常盡其歡於親故雖疎遠必致其愛於鄉閭雖微賤必致其恭吉凶慶吊禮無所遺賙卹問遺恩無所闕其自奉則衣取蔽體食取充腹居止取足以障風雨人不能堪而處之裕如也若其措諸事業則州縣之設施立朝之言論經綸規畫正大宏偉亦可槩見雖達而行道不克施之一時然退而明道足以傳之萬代謂聖賢道統之傳散在方冊聖經之旨不明則道統之傳始晦於是竭其精力以研窮聖賢之經訓於大學中庸則補其闕遺別其次序綱領條目粲然復明於論語孟子則深原當

時答問之意使讀而味之者如親見聖賢而面命之於易於詩則求其本義攻其末失深得古人遺意於數千載之上凡數經者見之傳註其關於天命之微人心之奧入德之門造道之閫者既已極深研幾探賾索隱發其旨趣而無所遺矣至於一字未安一詞未備亦必沉潛反覆或達旦不寐或累日不倦必求至當而後已故章旨字義至微至細莫不理明詞順易知易行於書則疑今文之艱澁反不若古文之平易於春秋則疑聖心之正大決不類傳註之穿鑿於禮則病王安石廢罷儀禮而傳記獨存於樂則憫後世律尺既亡而清濁無據

是數經者亦嘗討論本末雖未能著爲成書然其大旨
固已獨得之矣若歷代史記則又考論西周以來至於
五代取司馬公編年之書繩以春秋紀事之法綱舉而
不繁目張而不紊國家之理亂君臣之得失如指諸掌
周程張邵之書所以繼孔孟道統之傳歷時未久微言
大義鬱而不章先生爲之裒集發明而後得以盛行於
世太極先天二圖精微廣博不可涯涘爲之解剝條畫
而後天地本原聖賢蘊奧不至泯沒程張門人祖述其
學所得有淺深所見有疏密先生既爲之區別以悉取
其所長至或識見小偏流於異端者亦必研窮剖析而

不沒其所短南軒張公東萊呂公同出其時先生以其志同道合樂與之友至或識見少異亦必講磨辨難以一其歸至若求道而過者病傳註誦習之煩以爲不立文字可以識心見性不假修爲可以造道入德守虛靈之識而昧天理之眞借儒者之言以文老佛之說學者利其簡便詆訾聖賢捐棄經典猖狂呺呶側僻固陋自以爲悟立論愈下者則又崇獎漢唐比附三代以便其計功謀利之私二說並立高者陷於虛無下者溺於卑陋其害豈淺淺哉先生力排之俾不至亂吾道以惑天下於是學者靡然向之先生敎人以大學語孟中庸爲

入道之序而後及諸經以爲不先乎大學則無以提綱
挈領而盡語孟之精微不參之以論孟則無以融會貫
通而極中庸之旨趣然不會其極於中庸則又何以建
立大本經綸大經而讀天下之書論天下之事哉其於
讀書也必使之辨其音釋正其章句玩其辭求其義研
精覃思以究其所難知平心易氣以聽其所自得然爲
已務實辨別義利毋自欺謹其獨之戒未嘗不三致意
焉蓋亦欲學者窮理反身而持之以敬也從遊之士迭
誦所習以質其疑意有未諭則委曲告之而未嘗倦問
有未切則反覆戒之而未嘗隱務學篤則喜見於言進

道難則憂形於色講論經典商略古今率至夜半雖疾
病支離至諸生問辨則脫然沉痾之去體一日不講學
則惕然常以爲憂掘衣而來遠自川蜀文詞之傳流及
海外至於夷虜亦知慕其道竊問其起居窮鄉晚出家
蓄其書私淑諸人者不可勝數先生旣没學者傳其書
信其道者益衆亦足以見理義之感於人者深矣繼往
聖將微之緒啟前賢未發之機辨諸儒之得失闢異端
之訛謬明天理正人心事業之大又孰有加於此者至
若天文地志律曆兵機亦皆洞究淵微文詞字畫騷人
才士疲精竭神常病其難至先生未嘗用意而亦皆動

中規繩可爲世法是非資禀之異學行之篤安能事事
物物各當其理各造其極哉學修而道立德成而行尊
見之事業者又如此秦漢以來迂儒曲學既皆不足以
望其藩墻而近代諸儒有志乎孔孟周程之學者亦豈
能造其閫域哉嗚呼是殆天所以相斯文篤生哲人以
大斯道之傳也先生疾且革手爲書囑其子在與門人
范念德黃榦尤拳拳以勉學及修正遺書爲言翌日門
人侍疾者請教先生曰堅苦問温公喪禮曰疎略問儀
禮頷之已而正坐整衣冠就枕而逝門人治喪者既一
以儀禮從事而訃告所至從遊之士與夫聞風慕義者

莫不相與爲位而聚哭焉禁錮雖嚴有所不避也嗚呼
天又胡不憖遺以永斯道之傳而遽使後學失所依歸
哉先生所著書有易本義啓蒙蓍卦考誤詩集傳大學
中庸章句或問論語孟子集註太極圖通書西銘解楚
辭集註辨證韓文考異所編次有語孟集義孟子指要
中庸集略孝經刊誤小學書通鑑綱目本朝名臣言行
錄古今家祭禮近思錄河南程氏遺書伊洛淵源錄皆
行於世先生著述雖多於語孟中庸大學尤所加意若
大學論語則更定數四以至垂沒大學誠意一章乃其
絶筆也其明道垂教拳拳深切如此楚辭集註亦晚年

所作其愛君憂國雖老不忘通鑑綱目僅能成編每以未及修補爲恨又嘗編次禮書用工尤苦竟亦未能脫藁所輯家禮世多用之然其後亦多損益未暇更定平生爲文則季子在類次之矣生徒問答則後學李道傳嘗哀輯鋟版未備也娶劉氏追封碩人白水艸堂先生之女艸堂即韋齋所囑以從學者也其卒以乾道丁酉其葬以附穴子三人長塾先十年卒次埜迪功郎監湖州德清縣戶部新市犒賞酒庫後十年亦卒季在承議郎提舉兩浙西路常平茶鹽公事女五人壻儒林郎靜江府臨桂縣令劉學古奉議郎主管亳州明道宮黃榦

進士范元裕仲季二人亦早卒孫男七人鑑鉅銓鐸鋌
鋐鑄鉅從政郎新差監行在雜買務雜賣場門銓從事
郎融州司法參軍鑑迪功郎新辟差充廣西經略安撫
司準備差遣餘業進士女九人聓承議郎主管華州雲
臺觀趙師夏進士葉韶甫周選亨鄭宗亮黃輅從政郎
紹興府會稽縣丞趙師耕黃慶臣李公玉曾孫男六人
淵洽濳濟濬澄女七人先生没有年矣狀其行者未有
所屬筆在以幹從學日久俾任其責先生既不假是而
著幹之識見淺陋言語卑弱又不足以模倣萬一追思平
日步趨謦欬則悲愴哽咽不忍書亦不忍忘也竊聞道

之正統待人而後傳自周以來任傳道之責得統之正者不過數人而能使斯道章章較著者一二人而止耳由孔子而後曾子子思繼其微至孟子而始著由孟子而後周程張子繼其絶至先生而始著蓋千有餘年之間孔孟之徒所以推明是道者旣煨燼殘闕離析穿鑿而微言幾絶矣周程張子崛起於斯文湮塞之餘人心蠱壞之後扶持植立之厥功偉然未及百年踳駁尤甚先生出而自周以來聖賢相傳之道一旦豁然如大明中天昭晰呈露則撫其言行又可略歟輒採同志之議敬述世系爵里出處言論與夫學問道德行業人之所共

知者而又私竊以道統之著者系之以俟知德者考焉謹狀

行狀之作非得已也懼先生之道不明而後世傳者之訛也追思平日之聞見參以敘述奠誄之文定爲艸槀以諗同志反復詰難一言之善不敢不從然亦有參之鄙意而不敢盡從者不可以無辨也有謂言貴含蓄不可太露文貴簡古不可太繁者夫工於爲文者固能使之隱而顯簡而明是非愚陋所能及也顧恐名曰含蓄而未免於晦昧名曰簡古而未免於疏略反不若詳書其事之爲明白也又有謂年月不必盡記辭受不必盡書者先生之用舍去就實關世道之隆替後學之

楷式年月必記所以考世變辭受必書所以明世教狀先生之行又豈可以常人比常體論哉又有謂告上之語失之太直記人之過失之太訐者責難陳善事君之大義人主能容於前而臣子反欲隱於後先生敢陳於當世而學者反欲諱於將來乎人之有過或具之獄案或見之章奏天下後世所共知而欲没之可乎又有謂奏疏之文紀述太繁申請之事細微必錄似非行狀之體者古之得君行道有事實可紀則奏疏可以不述先生進不得用於世其所可見者特其言論之間乃其規模之素則言與行豈有異耶事雖細微處得其道則人

受其利一失其道則人受其害先生理明義精故雖細
故區處條畫無不當於人心者則鉅與細亦豈有異耶
其可辨者如此則其於淺陋者不必辨也至於流俗之
論則又以爲前輩不必深抑異學不必力排稱述之辭
似失之過者孔門諸賢至謂孔子賢於堯舜豈以抑堯
舜爲淺乎孟子闢楊墨而比之禽獸衛道豈可以不嚴
乎夫子嘗曰莫我知也夫又曰知德者鮮矣甚矣聖賢
之難知也知不知不足爲先生損益然使聖賢之道不
明異端之說滋熾是則愚之所懼而不容於不辨也故
嘗太息而爲之言曰是未易以口舌爭百年論定然後

知愚言之爲可信遂書其語以俟後之君子穌謹書

北溪陳氏曰先生道巍而德尊義精而仁熟言平正溫潤清巧的實徹人心洞天理達羣指會百聖粹乎洙泗伊洛之緒凡曩時有發端而未竟者今悉該且備凡曩時有疑辨而未瑩者今益信且白宏綱大義如指諸掌掃千百年之謬誤爲後學一定不易之準則辭約而理盡旨明而味深而其心度澄朗瑩無查滓工夫縝密渾無隙漏尤可想見於辭氣間故孔孟周程之道至先生而益明所謂主盟斯世獨惟先生一人而已

吳氏壽昌曰先生每觀一水一石一艸一木稍清陰處

章日目不瞬飲酒不過兩三行又移一處大醉則趺坐高拱經史子集之餘雖紀錄雜說舉輒成誦微醺則吟哦古文氣調淸壯某所聞見則先生每愛誦屈原楚騷孔明出師表淵明歸去來辭并杜子美數詩而已

果齋李氏曰先生天資英邁視世之所屑者不啻如草芥翛然獨與道俱卓然獨與道立固已迥出庶物之表及夫理明義精養深積盛充而爲德行發而爲事業人之視之但見其渾灝磅礴不可涯涘而莫知爲之者又曰洙泗以還博文約禮兩極其至者先生一人而已又曰夫子之經得先生而正夫子之道得先生而明起斯

文於將墜覺來裔於無窮雖與天壤俱敝可也

鶴山魏氏曰帝王不作而洙泗之教興微孟子吾不知大道之與異端果孰爲勝負也聖道既熄而關洛之學興微朱子亦不知聖傳之與俗學果孰爲顯晦也韓子謂孟子之功不在禹下予謂朱子之功不在孟子下

草廬吳氏贊曰義理玄微蠶絲牛毛心胷恢廓海濶天高豪傑之才聖賢之學景星慶雲泰山喬嶽

先生自題畫像曰從容乎禮法之塲沉潛乎仁義之府是予蓋將有意焉而力莫能與也佩先師之格言奉前烈之遺矩惟闇然而日修或庶幾乎斯語

伊洛淵源續錄卷之三

伊洛淵源續錄

四之六

伊洛淵源續錄卷第四

南軒張先生

宋史道學傳

張栻字敬夫丞相浚子也穎悟夙成浚愛之自幼學所教莫非仁義忠孝之實長師胡宏宏一見即以孔門論仁親切之旨告之栻退而思之若有得焉宏稱之曰聖門有人矣栻益自奮厲以古聖賢自期作希顏錄以廕補官辟宣撫司都督府書寫機宜文字除直秘閣時孝宗新即位浚起謫籍開府治戎參佐皆極一時之選栻時以少年內贊密謀外參庶務其所綜畫幕府諸人皆

自以爲不及也間以軍事入奏因進言曰陛下上念宗社之讎耻下閔中原之塗炭惕然於中而思有以振之臣謂此心之發卽天理之所存也願益加省察而稽古親賢以自輔無使其或少息則今日之功可以必成而因循之弊可革矣孝宗異其言於是遂定君臣之契浚去位湯思退用事遂罷兵講和金人乘間縱兵入淮甸中外大震廟堂猶主和議至勑諸將無得輒稱兵時浚已沒栻營葬甫畢卽拜疏言吾與金人有不共戴天之讎異時朝廷雖嘗興縞素之師然旋遣玉帛之使是以講和之念未忘於胸中而至忱惻怛之心無以感格于

天人之際此所以事屢敗而功不成也今雖重爲群邪所誤以蹙國而召寇然亦安知非天欲以是開聖心哉謂宜深察此理使吾胸中了然無纖芥之惑然後明詔中外公行賞罰以快軍民之憤則人心悅士氣充而敵不難却矣繼今以往益堅此志誓不言和專務自強雖折不撓使此心純一貫徹上下則遲以歲月亦何功之不濟哉疏入不報久之劉珙薦于上除知撫州未上改嚴州呼宰相虞允文以恢復自任然所以求者類非其道意栻素論當與已合數遣人致殷勤栻不答入奏首言先王所以建事立功無不如志者以其胸中之誠有

以感格天人之心而與之無間也今規畫雖勞而事功不立陛下誠深察之日用之間念慮云爲之際亦有私意之發以害吾之誠者乎有則克而去之使吾中扃洞然無所間雜則見義必精守義必固而天人之應將不待求而得矣夫欲復中原之地先有以得中原之心欲得中原之心先有以得吾民之心求所以得吾民之心者豈有他哉不盡其力不傷其財而已矣今日之事固當以明大義正人心爲本然其所施有先後則其緩急不可以不詳所務有名實則其取舍不可以不審此又明主所宜深察也明年召爲吏部侍郎兼權起居郎侍

立宮時宰方謂敵勢衰弱可圖建議遣使徃責陵寢之故士大夫有憂其無備而召兵者輙斥去之栻見上上曰卿知敵國事乎栻對曰不知也上曰金國饑饉連年賊盜四起栻曰金人之事臣雖不知境中之事則知之矣上曰何也栻曰臣切見比年諸道多水旱民貧日甚而國家兵弱財匱官吏誕謾不足倚賴正使彼實可圖臣懼我之未足以圖彼也上爲默然久之栻因出所奏疏讀之曰臣竊謂陵寢隔絶誠臣子不忍言之至痛然今未能奉辭以討之又不能正名以絶之乃欲卑詞厚禮而求于彼則於大義已爲未盡而異論者猶以爲

憂則其淺陋畏怯固益甚矣然臣竊揆其心意或者亦
有以見我未有必勝之形而不能不以憂也歟蓋必勝之
形當在於早正素定之時而不在於兩陣決機之日上
爲竦聽改容拭復讀曰今日但當下哀痛之詔明復讎
之義顯絕金人不與通使然後脩德立政用賢養民選
將帥練甲兵通內修外攘進戰退守以爲一事且必治
其實而不爲虛文則必勝之形隱然可見雖有淺陋畏
怯之人亦且奮躍而爭先矣上爲嘆息褒諭以爲前始
未聞此論也其後因賜對反覆前說上益嘉歎面諭當
以卿爲講官異時得晤語也會史正志爲發運使名爲

均輸實盡奪州縣財賦遠近騷然士大夫爭言其害栻
亦以爲言上曰正志謂但取之諸郡非取之民也栻
曰今日州郡財賦大抵無餘若取之不已而經用有闕
不過巧爲名色以取之於民耳上矍然曰如卿之言是
朕假手於發運使以病吾民也旋閱其實果如栻言即
詔罷之兼侍讀除左司員外郎講詩葛覃進說治生於
敬畏亂起於驕淫使爲國者每念稼穡之勞而其后妃
不忘織紝之事則心不存者寡矣因上陳祖宗自家刑
國之懿下斥今日興利擾民之害上歎曰此王安石所
謂人言不足恤者所以爲誤國也知閤門事張說除簽

書樞密院事栻夜草疏極諫其不可且詣朝堂質責宰相虞允文曰宦官執政自京黼始近習執政自相公始允文慙憤不堪栻復奏文武誠不可偏然今欲左文右武以均二柄而所用乃得如此之人非惟不足以服文吏之心正恐反激武臣之怒孝宗感悟命得中寢然宰相實陰附說明年出栻知袁州申說前命中外諠譁竟以謫死栻在朝未期歲而召對至六七所言大抵皆修身務學畏天恤民抑僥倖屏讒諛於是宰相益憚之而近習尤不悅退而家居累年孝宗念之詔除舊職知靜江府經略安撫廣南西路所部荒殘多盜栻至簡州兵

汰冗卒補闕籍諸州縣卒伉健者爲效用日習月按申嚴
保伍法諭溪峒酋豪弭怨睦鄰毋相殺掠於是群蠻帖
服朝廷買馬横山歲久弊滋邊吏告病而馬不時至栻
究其利病六十餘條奏革之諸蠻感悅爭以善馬至孝
宗聞栻治行詔特進秩直寶文閣因任尋除秘閣修撰
荊湖北路轉運副使改知江陵府安撫本路一日去貪
吏十四人湖北多盜府縣往往縱釋以病良民栻首劾
大吏之縱賊者捕斬姦民之舍賊者令其黨得相捕告
以除罪群盜皆遁去郡瀕邊屯主將與帥守每不相下
栻以禮遇諸將得其驩心又加恤士伍勉以忠義隊長

有功輙補官士咸感奮並淮姦民出塞爲盜者捕得數人有北方亡奴亦在盜中栻曰朝廷未能正名討敵無使疆埸之事其曲在我命斬之以徇於境而縛其亡奴歸之北人嘆曰南朝有人信陽守劉大辨怙勢希賞廣招流民而奪見戶熟田以與之栻劾大辨詐諼所招流民不滿百而虛增其數十倍請論其罪不報章累上大辨易他郡栻自以不得其職求去詔以右文殿修撰提舉武夷山冲佑觀病且死猶手疏勸上親君子遠小人信任防一己之偏好惡公天下之理天下傳誦之栻有公輔之望卒年四十有八

朋友論述

晦翁先生曰聖門之學不傳而道術遂爲天下裂士之醇慤者拘于記誦其敏秀者衒于詞章既皆不足以發明天理而見諸人事於是言理者歸於老佛而論事者騖于管商則於事理之正反皆有以病焉而去道益遠矣中間河洛之間先生君子得其不傳之緒而推明之然今不能百年而學者又失其旨近歲以來乃幸得吾友敬夫焉而天下之士乃有以知理之未始不該於事而事之未始不根於理也又曰靖康之變國家之禍亂極矣小大之臣奮不顧身以任其責者蓋無幾人而其

承家之孝許國之忠判決之明計慮之審又未有如公者雖降命不長不克卒就其業然其志義偉然死而後已則質諸鬼神而不可誣也又曰公嘗言學莫先于義利之辨而義也者本心之所當爲而不能自已非有所爲而爲之者也一有所爲而後爲之則皆人欲之私而非天理之所存矣於乎至哉言也其亦可謂擴前聖之所未發而同性善養氣之功者歟又曰公爲人坦蕩明白表裏洞然詣理既精信道又篤其樂於聞過而勇於徙義則又奮厲明決無毫髮滯吝意故其德日新業日廣而所以見于論說行事之間者上下信之至于如此

雖小人以其好惡之私或能壅蔽於一時然至于公論之久長蓋亦莫得而掩之也神道碑

又曰公自幼壯不出家庭而固已得夫忠孝之傳既又講學于五峯之門以會其歸則其所以默契於心者人有所不得而知也獨其見於論說則義利之間毫釐之辯蓋有出於前哲之所欲言而未及究者措諸事業則凡宏綱大用巨細顯微莫不洞然于胸中而無一毫功利之雜是以論道于家而四方學者爭鄉往之入侍經帷出臨藩屏則天子亦味其言嘉其績且將倚以大用而敬夫不幸死矣又曰敬夫天資甚高聞道甚早其學

之所就既足以名于一世然察其心蓋未嘗一日以是而自足也比年以來方且窮經會友日反諸心而驗諸行事之實蓋有所謂不知年數之不足者是以其學日新而無窮其見於言語文字之間始皆極于高遠而卒反就于平實此其淺深疎密之際後之君子其必有以取之矣 南軒集序

又曰敬夫最不可得聽人說話便肯改又曰敬夫見識純粹踐行篤實使人望而敬之又曰敬夫學問愈高所見卓然議論出人意表近讀其論語說不覺胷中灑然誠可歎服又曰南軒見處高如架屋相似大間架已就

只中間少裝折語錄

晦翁依先生像贊曰擴仁義之端至於可以彌六合謹義利之判至於可以析秋毫拳拳乎其致主之切汲汲乎其餘文之勞佗佗乎其任道之勇卓卓乎其立心之高仰之者識其春風沂水之樂不知者以爲湖海一世之豪彼其揚休山立之資既與其不可傳者死矣觀于此者尚有以卜其見伊呂而失蕭曹也耶

祭文　　晦翁

於乎敬夫遽棄予而死也耶我昔求道未獲其友蔽莫予聞客莫予覿蓋自從公而覯于大業之規模察彼群

言之紛糾於是相與切磋以究之而又相屬以死守也
丙戌之冬風雪南山觧袂歸州今十五年公試畿輔我
黜禁省公牧于南我遯巖嶺顯晦殊跡心莫與同書疏
懇惻鬼神可通公尹江陵我官廬嶽驛騎相望音問逾
數夫鵩之窮有來自西告我公疾手書在携我覩于時
神理或惛是疾雖微已足深念亟遣問訊閱月而歸叩
函發書歎咤歔欷時友曾子實同我憂揮淚請行誼不
忍留曾行未幾公訃果至張侯適來相向反袂於乎敬
夫竟棄予而死也耶惟公家傳忠孝造道精微外爲軍
民之所屬望內爲學者之所依歸治民以寬事君以敬

正大光明表裡燀映自我觀之非惟十駕之弗及益未必終日言而可盡也矧聞公喪痛徹心膂緘詞寄哀不遑他語顧聞公之臨絕手遺疏以納忠召賓佐而與訣委符節而告終蓋所謂得正而斃者又凜乎其有史魚之風此猶足以爲吾道而增氣抑又可以上悟于宸聰又聞公於此時屬其弟以語于用斯文以爲寄意懇懇而無餘顧何德以堪之然敢不竭其庸愚并矢詞以爲報尚精爽其鑒茲於乎哀哉

又

嗚呼自孔孟之云遠聖學絕而莫繼得周翁與程子道

乃抗而不墜然徵言之輟響今未及乎百歲士各私其所聞已不勝其乖異嗟惟我之與台兄昭志同而心契或面講而未窮或又書傳而不置蓋有我之所是而兄以爲非亦有兄之所然而我之所議又有始所共鄕而終悟其偏亦有早所同嚮而晩得其味蓋繳紛徃返者幾十餘年末乃同歸而一致由是上而天道之微遠而聖言之秘近則進脩之方大則行藏之義以兄之明固已洞然而無遺若我之愚亦幸竊窺其一二然兄喬木之故家而我衡茅之賤士兄高明而宏博我狷狹而迂滯故我嘗謂兄宜以是而行之當時兄亦謂我盍以是而傳

之來裔蓋雖隱顯之或殊實則交須而共濟不惟相知之昆審抑亦自靖而無愧嗚呼孰謂乃使兄終在外以違其心乎亦見察于斯而所願將不遂也政使得以就其書是亦任左肱而失右臂也傷哉吾道之窮乎彼何心於此世也惟脩身補過以畢餘年庶有以見兄于地下也聞兄之葬而不得臨獨南望長號以寄此醊也惟兄憐而鑒之尚庶有以輔予之志也嗚呼哀哉

又　　呂東萊

昔者某以郡文學事公於嚴陵聲同氣合莫逆無間自是以來一紀之間面講書籍區區一得之慮有時自以

爲過公矣及聞公之論細密領挈明白嚴正無纖繞回互激發偏倚之病然後釋然心悅爽然自失邈然始知其不可及此某所以願終身事公而不去者也某天資遲訥交際酬酢心所欲言口或不能發明獨與公合堂同席之際傾倒肺肝無所留藏意所未安辭氣勁切反類世之強直者亦不自知其所以然夫豈士爲知己盡自應爾歟我行天下愛而忘其愚亦有不減公者矣內反諸心豈敢負之乃獨勇于此其怯於彼抑有由也蓋公孳孳求益敦篤懇惻有以發其冥頑勇于改過奮厲明決有以起其緩縱而不至者也不黨同胸懷坦然無偏

閼雖平生退縮固滯之態亦不掃而自除也使我常得從公豈無分寸之進使公以愛我之心克而擴之則致於以虛受人之地公天下之善則爲社稷生民之福孰可限量耶嗚呼公今其死矣我無所復望矣雖然有一于此公在三之義上通于天養其志承其業油油翼翼左右彌縫不以存沒爲一者公之事親也念大恩之莫報竭誠意之未孚雖身在外心靡不在王室鞠躬盡瘁唯力是視不以遠近爲間者公之事君也義理之大一識所歸不失靡他至于參觀徧考公而且博未嘗如世俗學一先王之言暖暖姝姝不復廣求其進學之力不

以存亡爲勤惰者公之事師也公之此心蓋未嘗死我雖病廢猶有尊足者存亦安知不能追申從而謝于庭耶豈復能文直寫胸中之誠以告公而已

東萊呂先生

宋史儒林傳

呂祖謙字伯恭尚書右丞好問之孫也自其祖始居婺州祖謙之學本之家庭有中原文獻之傳長從林之奇汪應辰胡憲游既又友張栻朱熹講索益精初蔭補入官後舉進士復中博學宏詞科調南外宗學教授丁内艱居明招山四方之士爭趨之除大學博士時中都官

待次者例補外添差教授嚴州尋復召爲太學博士兼國史院編脩官實錄院檢討官輪對勉孝宗留意聖學且言恢復大事也規模當定方略當審陛下方廣攬豪傑共集事功臣願精加考察使之確指經畫之實孰爲先後使嘗試僥倖之說不敢復陳于前然後與一二大臣定成筭而次第行之則大義可伸大業可復矣召試館職先是召試者率前期候學士院求問目獨祖謙不然而其文特典美嘗讀陸九淵文喜之而未識其人考試禮部得一卷曰此必江西小陸之文也揭示果九淵人服其精鑑父憂免喪主管台州崇道觀越三年除秘

書郎國史院編修官實録院檢討官以修撰李燾薦重
修徽宗實録書成進秩而對言曰夫治道體統上下内
外不相侵奪而後安鄉者陛下以大臣不勝任而兼行
其事大臣亦皆親細務而行有司之事外至監司守令
職任率爲其上所侵而不能令其下故豪猾玩官府郡
縣忽省部掾屬凌長吏賤臣輕柄臣平居未見其患一
旦有急誰與指麾而伸縮之邪如曰臣下權任太重懼
其不能無私則有給舍以出納焉有臺諫以救正焉有
侍從以詢訪焉儻得端方不倚之人分處之自無專恣
之虞何必屈至尊以代其勞哉人之關膈脉絡少有壅

滯久則生疾陛下於左右雖不勞操制苟玩而弗慮則
聲勢浸長趨附浸多過咎浸積内則懼爲陛下所譴而
益思壅蔽外則懼爲公議所疾而益肆詆排願陛下虛
心以求天下之士執要以總萬事之機勿以圖任或誤
而謂人多有可疑勿以聰明獨高而謂智足以偏察勿
詳于小而忘遠大之計勿忽于近而忘壅蔽之萌又言
國朝治体有遠過前代者有視前代爲未備者夫以寛
大忠厚建立規摹以禮遜節義成就風俗此所謂遠過
前代者也故於俶擾艱危之後駐蹕東南踰五十年無
纖毫之慮則根本之深可知矣然文治可觀而武績未

振名勝相望而幹略未優故雖昌熾盛大之時此病已見是以元昊之難范韓皆極一時之選而莫能平殄則事功之不競從可知矣臣謂今日治體視前代未備者固當激厲而振起遠過前代者尤當愛護而扶持遷著作郎以末疾請祠歸先是書肆有書曰聖宋文海孝宗命臨安府校正刊行學士周必大言文海去取差謬恐難傳後盍委館職銓擇以成一代之書孝宗以命祖謙遂斷自中興以前崇雅黜浮類為百五十卷上之賜名皇朝文鑑詔除直秘閣時方重職名非有功不除中書舍人陳騤駁之孝宗批旨云館閣之職文史為先祖謙所

進採取精詳有益治道故以寵之可即命詞騤不得已草制尋主管沖佑觀明年除著作郎兼國史院編修官卒年四十五謚曰成祖謙學以關洛為宗而旁稽載籍不見涯涘心平氣和不立崖異一時英偉卓犖之士皆歸心焉少褊急一日誦孔子言躬自厚而薄責于人忽覺平時忿懥渙然冰釋朱熹嘗言學如伯恭方是能變化氣質其所講畫將以開物成務既卧病而任重道遠之意不衰居家之政皆可為後世法脩讀詩記大事記皆未成書考定古周易書說閫範官箴辯志錄歐陽公本末皆行于世晚年會友之地曰麗澤書院在金華城

中既没郡人即而祠之子延年

朋友叙述

晦翁作先生像賛曰以一身而備四氣之和以一心而涵千古之秘推其有足以尊主而芘民出其餘足以範俗而垂世然而狀貌不踰於中人衣冠不詭于流俗迎之而不見其來隨之而莫覩其躅矧是丹青孰形心曲惟嘗見之者於此而復見之焉則不但遺編之可續而已

晦翁跋先生日記云觀伯恭病中日記其繙閲論著固不以一日懈至于氣候之暄涼艸木之榮悴亦必謹焉

則其察物内省蓋有非血氣所能移焉者矣比來不得復見伯恭固爲深恨然于此得竊窺其學力之所至以自警省則吾伯恭之不亡者其誨我亦諄諄矣

晦翁嘗致書先生曰承喻整頓收斂則入於著力從容游泳又墮於悠悠此正學者之通患然程子嘗曰亦須且自此去到德成後自然左右逢其原今亦當且就整頓收斂處著力但不可用意安排等候即成病耳

祭文　文公先生

於乎哀哉天降割於斯文何其酷耶往歲已奪吾敬夫今者伯恭胡爲又至于不淑耶道學將誰使之振君德

將誰使之復後生將誰使之誨斯民將誰使之福耶經說將誰使之繼事記將誰使之續耶若我之愚則病將孰為之箴而過將孰為之督耶然則伯恭之亡曷為而不使我失聲而驚呼號天而慟哭耶嗚呼伯恭有蓍龜之智而處之若愚有河漢之辨而守之若訥胸有雲夢之富而不以自多詞有黼黻之華而不易其出此固今之所難而未足以議兄之彷彿也若乃孝友絕人而勉厲如弗及恬淡寡欲而持守不懈盡言以納忠而羞為訐秉義以飭躬而恥為介是則古之君子尚或難之而吾伯恭猶歉然而未肯以自大也蓋其德宇寬洪識

量閎廓既海納而川停豈澄清而撓濁則涵濡於先訓紹文献于厥家又隆師而親友極探討之幽遐所以稟之既厚而養之深取之既博而成之粹宜所立之甚高亦無求而不備故其講道于家則時雨之化進位于朝則鴻羽之儀造辟陳謨則宣公獨御之對承詔奏篇則右尹祈招之詩上方虛心而聽納衆亦注目其敷施何遭時之不遂遽榮疾而言歸慨一卧以三年尚左圖而右書聞逍遥以曳杖恍沂上之風雩衆咸喜其有瘳冀卒攄其素蘊不則傳道以著書抑亦後來之程準何此望之難必奄一夕而長終增有邦之殄瘁極吾黨之哀

恫嗚呼哀哉我實無似兄辱與遊講磨深切情義綢繆粵前日之枉書尚粲然其手筆始言沉痼之難除循幸死期之未即中語簡編之次第卒誇草樹之深幽謂昔騰踐而有約盍今命駕以來遊欣此旨之可懷懍訃車而偕至考日月之幾何不且莫之三四嗚呼伯恭而遽死耶吾道之衰乃至此耶既爲位以泄哀復緘辭以寓奠與嗣歲之有聞尚前言之可踐嗚呼哀哉尚饗

又　　陳仝甫

於乎孔氏之家法儒者世守之得其粗而遺其精則流而爲度數刑名聖人之妙用英豪竊聞之徇其流而忘

其源則變而爲權譎縱横故孝弟忠信常不足以趨天下之變而才術辯智常不足以定天下之經在人道無事之可必而人心有萬變之難明雖高明之獨見猶小智之自營雖篤厚之守正猶私壘之易隳蓋嘗欲整兩漢而下厯幾及見三代之英豈曰自我成之在兄方夜半之劇論歎古來之未曾講觀象之妙理得應時之成能謂人物之間出非天意之徒生兄獨疑其未遍我引數而力爭豈其於無事之時而巳懷厭世之情俄遂嬰于未疾喜怵替於儀刑何所遭之大慘曾不假於餘齡辨博學多識使人無自立之地而本末具舉雖天亦有

所未平耶兄嘗誦于良之言曰虎帥以聽孰敢違之人之云亡學者莫勝假設有聖人之宏才又將待幾年而後成孰知夫一觴之慟徒以拂千古之膺伯牙之琴已矣其不可復鼓而洞山之燈烈使其遂無所承耶將來之難情尚既往之有追盡嗚呼哀哉尚饗

伊洛淵源續錄卷第四

伊洛淵源續録卷第五

蔡文節公 附子沈

宋史儒林傳

蔡元定字季通建州建陽人生而穎悟八歲能詩日記數千言父發博覽群書號牧堂老人以程氏語録邵氏經世張氏正蒙授元定曰此孔孟正脉也元定深涵其義既長辯析益精登西山絶頂忍飢啖薺讀書聞朱熹名往師之熹扣其學大驚曰此吾老友也不當在弟子列遂與對榻講論諸經奥義每至夜分四方來學者熹必俾先從元定質正焉太常寺少卿尤袤秘書少監楊

萬里聯疏薦于朝召之堅以疾辭築室西山絕頂爲終焉之計時韓侂胄擅政設僞學之禁以空善類臺諫承風專肆排擊然猶未敢誦言攻朱熹至沈繼祖劉三傑爲言官始連疏詆熹并及元定元定簡學者劉礪曰化性起僞烏得無罪未幾果謫道州州縣捕元定甚急元定聞命不辭家即就道熹與從游者數百人餞別蕭寺坐客興歎有泣下者熹微視元定不異平時喟然曰友朋相愛之情季通不挫之志可謂兩得矣元定賦詩曰執手笑相別無爲兒女悲衆謂宜緩行元定曰獲罪于天天可逃乎杖屨同其子沈行三千里脚爲流血無幾微

見言向至春陵遠近來學者衆州士子莫不趨席下以聽講說有名士挾才簡傲非笑前修者亦心服謁拜執弟子禮甚衆人爲之語曰初不敬今納命愛元定者謂宜謝生徒元定曰彼以學來何忍拒之若有禍患亦非閉門塞竇所能避也貽書訓諸子曰獨行不愧影獨寢不愧衾勿以吾得罪故遂懈一日謂沈曰可謝遣吾欲安靜以還造化舊物閲三日卒侂胄既誅贈迪功郎諡文節元定於書無所不讀於事無所不究義理洞見大原下至圖書禮樂制度無不精妙古書奇辭奥義人所不能曉者一過目輒解熹嘗曰人讀易書難季通讀難書

易熹既釋四書及爲詩傳通鑑綱目皆與元定往復參訂啓蒙一書則屬元定起藁熹嘗曰造化微妙惟深於理者能識之吾與季通言而不厭也及葬以文誄之曰精詣之識卓絶之材不可屈之志不可窮之辯不復可得見矣學者尊之曰西山先生其平生問學多寓于熹書集中所著書有大衍詳說律呂新書燕樂原辯皇極經世大玄潛虚指要洪範解八陣圖說熹爲之序子淵沉皆躬耕不仕淵有周易訓解沉字仲默少從朱熹游熹晩欲著書傳未及爲遂以屬沉洪範之數學者久失其傳元定獨心得之然未及論著曰成吾書者沉也沉

受父師之托沉潛反覆者數十年然後成書發明先儒之所未及其於洪範數謂體天地之撰者易之象託天地之撰者範之數數始于一奇象成于二偶奇者數之所以立偶者象所以行故二四而八八卦之象也三三而九九疇之數也由是八八而又八八之爲四千九十六而象備矣九九而又九九之爲六千五百六十一而數周矣易更四聖而象已著範錫神禹而數不傳後之作者昧象數之原窒变通之妙或即象而爲數或反數而擬象牽合附會自然之數益晦焉始從元定適道州跋涉數千里道楚粤窮僻處父子相對常以理義自怡

悅元定沒徒步護喪以還有遺之金而義不可受者輒謝卻之曰吾不忍累先人也年僅二十屏去舉子業一以聖賢爲師隱居九峯當世名卿物色將薦用之沉不屑就次子抗別有傳

師友論述

晦菴先生曰蔡神與傳學強記高簡廓落易象之文地理之說無所不通季通承父志學行之餘尤邃律曆討論定著遂成一家之言使千古之誤曠然一新而遡其源流皆有成法

勉齋黄氏曰幹始受學於晦翁先生首識西山蔡公先

生之門從游者多矣公之來先生必留數月往往通夕對床不暇寢從先生游者歸必過公之家聽其言論不忍去去皆充然有所得也蓋公有英邁之氣蘊該洽之學知極乎道德性命之原行謹乎家庭唯諾之際於先生之門可謂傑然者矣

西山真氏曰季通師事文公文公顧曰季通吾老友也凡性與天道之妙他弟子不得聞者必以語季通焉異篇與傳微詞邃旨先令討究而後折衷

李士英言行錄曰西山從晦翁游最久精識博聞同輩皆不能及義理大原固已心通意解尤長于天文地理

樂律曆數戰陳之說凡古書盤錯肯綮學者讀之不能以句元定爬梳部析細入秋毫莫不暢達晦翁論易推本河圖洛書邵氏皇極經世先天圖往往多與元定往復而有發焉又曰仲默半居仰觀俯察默坐終夏瞭然有見於天地之心萬物之情反求諸躬衆理具備信前聖之言不予欺也

黃氏瑞節曰蔡氏祖孫三世一轍朱子云蔡神與所以教其子者不干利祿而開之以聖賢之學其志識高遠非人所及

黃文肅公

宋史道學傳

黃榦字直卿福州閩縣人父瑀在高宗時爲監察御史以篤行直道著聞瑀沒榦往見清江劉清之清之奇之曰子乃遠器時學非所以處子也因命受業朱熹榦家法嚴重乃以白母即日行時大雪既至而熹他出榦因留客邸臥起一榻不解衣者二月而熹始歸榦自見熹夜不設榻不解帶少倦則微坐一椅或至達曙熹語人曰直卿志堅思苦與之處甚有益嘗詣東萊呂祖謙以所聞于熹者相質正及廣漢張栻亡熹與榦書曰吾道益孤矣所望於賢者不輕後遂以其子妻榦寗宗即位

熹命榦奉表補將仕郎銓中授迪功郎監台州酒務丁母憂學者從之講學于墓廬甚衆熹作竹林精舍成遺榦書有他時便可請直卿代即講席之語及編禮書獨以喪祭二編屬榦稾成熹見而喜曰所立規模次第縝密有條理他日當取所編家鄉邦國王朝禮悉倣此更定之病革以深衣及所著書授榦手書與訣曰吾道之託在此吾無憾矣訃聞榦持心喪三年畢調監嘉興府石門酒庫時韓侂冑方謀用兵吳獵帥湖北將赴鎮訪以兵事榦曰聞議者謂今天下欲爲大舉深入之謀果爾必敗此何時而可進取哉獵雅敬榦名侃辟爲荊湖

北路安撫司激賞酒庫兼準備差遣事有未當必輸忠欵力爭江西提舉常平趙希懌知撫州吉商老辟爲臨川令歲旱勸糴捕蝗極其力既知新淦縣吏民習知臨川之政皆喜不令而政行以提舉常平郡太守薦擢監尚書六部門未上改差通判安豐軍淮西帥司檄幹鞫和州獄獄故以疑未決辭釋囚桎梏飲食之委曲審問無所得一夜夢井中有人明日呼囚詰之曰汝殺人投之于井我悉知之矣胡得欺我囚遂驚服果于廢井得尸尋知漢陽軍值歲飢糴客米發常平以賑制置司下令欲移本軍之粟而禁其糴辭報以乞候辭罷然後施

行及援鄂州例十之一告糴於制司荒政具舉旁郡飢民輻湊惠撫均一春暖願歸者給之糧不願者結廬居之民大感悅所至以重庠序先教養其在漢陽郡治後鳳栖山為屋館四方士立周程游朱四先生祠以病乞祠主管武夷冲佑觀尋起之安慶府至則金人破光山而沿邊多警安慶去光山不遠民情震恐乃請于朝城安慶以備戰守不俟報即日興工城分十二料先自築一料計其工費若干然後委官吏寓公士人分料主之役民兵五千人人役九十日而計入亦產錢起丁夫通役一萬夫人十日而罷役者更番暑月月休六日日生

休一時至秋斷殺其半餘日以五鼓坐于堂濠此官入
聽命以二十日成筭授之役某鄉民兵若干某鄉人夫若
干分布於某人料分或搬運其處土木應副某料使用
某料民兵人夫合當更代合散幾日錢米俱受命畢乃
治府事理民訟接賓客閱士卒會僚佐講究邊防利病
次則巡城視役晚入書院講論經史築城之杵用錢監
未鑄之鐵事畢還之城成會上元日張燈士民扶老携
幼往來不絕有老嫗百歲二子輿之諸孫從至府致謝
餘禮之命酒炙且勞以金帛嫗曰老婦之來爲一郡生
靈謝耳太守之賜非所冀也不受而去是歲大旱餘祈

禱雨或未出晨興登郡閣望灊山再拜雨即至後二年金人破黃州沙窩諸關淮東西皆震獨安慶按堵如故繼而霖潦餘月巨浸暴至城屹然無虞舒人德之相謂曰不殘于寇不蹈于水生汝者黃父也制置李珏辟爲參議官再辭不受既而朝命與徐僑兩易和州且令先赴制府禀議榦即日解印趨制府和州人日望其來曰是嘗撤至吾郡鞫死囚感夢于井中者庶能直吾屈乎先是榦移書珏曰丞相誅韓之後懲意外之變專用左右親信之人往往得罪于天下公議世之君子遂從而歸咎于丞相丞相不堪其咎斷然逐去之而左右親信

者其用愈寡矣平居無事紀綱紊亂不過州縣之間百
姓受禍至於軍政不修邊備廢弛皆此曹爲之若今大
敵在境更不改圖大事去矣今日之急莫大于此又曰
今日之計莫若用兩淮之人食兩淮之粟守兩淮之地
然其策當先明保伍保伍既明則爲之立堡砦蓄馬制
軍器以資其用不過累月軍政可成且淮民遭丙寅之
厄今聞金人遷汴莫不狼顧貪息有棄田廬挈妻子渡
江之意其間勇悍者且將伺釁竊發向日湖海張軍之
變爲害甚於金今若不早爲之圖則兩淮日見荒墟卒
有警急孰能攘臂而起矣珏皆不能用及至制府珏往維楊

覩師與偕行竊言敵既退當思所以賞功罰罪者崔維
揚能於清平山豫立義兵若斷金人右臂方儀真能措置
捍禦不使軍民倉黃奔軼此二人者當薦之泗上之敗
劉倬可斬也其州官吏二三人攜家奔竄追而治之然後
具奏可也其時幕府書館皆輕儇浮靡之士僚吏士民
有獻謀畫多為毀抹疏駁將師偏裨人心不附所向無
功流移滿道而諸司長吏張宴無虛白輸知不足與共
事歸自維揚再辭和州之命乃乞祠閉閤謝客宴樂不
與乃復告廷曰浮光敵退已兩月安豐已一月盱眙亦
將兩旬不知吾所措置者何事所施行者何策邊備之

弛又甚于前日後一日恬不知懼恐其禍又不止今春三
矣向者輕信人言為泗上之役喪師萬人良將勁卒精
兵利器不戰而淪於泗水黃團老幼俘虜殺戮五六千
人盱眙東西數百里莽為丘墟安豊浮光之事大率類
此切意千乘言旋必痛自咎責出宿于外大戒于國曰
此吾之罪也有能箴吾失者疾入諫曰與僚屬及四方
賢士討論條畫以為後圖今歸已五日矣但聞請總領
運使至玉麟堂賞牡丹用妓樂又聞總領運使請宴賞
亦然又聞宴僚屬亦然郡人諸軍聞之豈不痛憤且視
牡丹之紅艷豈不思邊庭之流血視管絃之啁啾豈不

思老幼之哀號視棟宇之宏麗豈不思士卒之暴露視飲饌之豐美豈不思流民之凍餒敵國深侵宇內騷動主上食不甘味聽朝不怡大臣憂懼不知所出尚書豈得不朝夕憂懼而乃如是之迂緩暇逸耶今浮光之報又至矣今欲以十一縣之衆四月攻浮光侵五關且以一縣五千人爲率則當有八萬人攻浮光以萬人刈吾麥以五萬人攻吾關吾之守關不過五六百人豈能當萬人之衆哉則關之不可守決矣五關失守則蘄黄決不可保蘄黄不保則江南危尚書聞此亦已數日乃不聞有所施行何耶其他言皆激切同幕恩之尤甚共訴

排之厥後光黄斷繼失果如其言遂力辭去請歸不已俄再命知安慶不就入廬山訪其友李燔陳宓相與盤旋玉淵三峡間俛仰其師舊跡講乾坤二卦於白鹿書院山南北之士皆來集未幾召赴行在所奏事除大理丞不拜爲御史李楠所劾初幹入荊湖幕府奔走諸關與江淮豪傑游往往願依幹及卒安豐武定諸將皆歸心焉後卒建康幷漢陽聲聞益著諸豪又深知幹倜儻有謀及來安慶且兼制幕長淮軍民之心翕然相向此聲既出在位者益忌且慮幹入見必直言邊事以悟上意至是群起擠之幹遂歸里弟子日盛巴蜀江湖之士

皆萃編禮著書曰不暇給夜與之講論經理亹亹不倦
借隣寺以處之朝夕往來質疑請益如熹時俄命知潮
州辭不行差主管亳州明道宮踰月遂乞致仕詔許之
特授承議郎既没後數年以門人請謚又特贈朝奉郎
舉一子下州文學謚文肅有經解文集行于世
史臣曰世不知儒者謂闊遠事情不急于世用謬矣中
興以來朱熹倘得大用致隆平頌清廟豈不易易然哉
今其門人巨擘如蔡雖出仕晚引年速安邊備禦讋畫
閫事忠忱遠慮宛然得諸葛孔明遺意終亦不與爲偶
而去惜哉意者天將以其師友傳授爲斯文寄歟

李文定公

宋史道學傳

李燔字敬子南康建昌人少孤依舅氏中紹熙元年進士第授岳州教授未上往建陽從朱熹學熹告以曾子弘毅之語且曰致遠固以毅而任重貴乎弘也燔退以弘名其齋而自儆焉至岳州教士以古文六藝不因時好且曰古之人皆通材用則文武兼焉即武學諸生文振而識高者拔之闢射圃令且習射廪老將之長於藝者以率偷惰以祖母卒解官承重而歸改襄陽府教授復往見熹熹嘉之凡諸生未達者先令訪燔俟有所發

乃從熹折衷諸生畏服熹謂人曰燔交友有益而進學可畏且直諒樸實處事不苟他日任斯道者必燔也熹沒學禁嚴燔率同門往會葬視封窆不少怵及詔訪遺逸九江守以燔薦召赴都堂審察辭再召再辭郡守請爲白鹿書院堂長學者雲集講學之盛他郡無與比除大理司直辭尋添差江西運司幹辦公事江西帥李玨漕使王補之交薦之會洞寇作亂帥漕議平之而各持其說燔條曰寇非吾民耶豈必皆惡然其如是誠以吾有司貪刻者激之及將校之邀功者逼成之耳反是而行之則皆民矣帥漕曰幹辦議是誰可行者燔請自往

乃駐兵萬安會近洞諸巡尉察偶保之尤無良者易置之分兵守險馳辯士諭賊逆順禍福寇皆帖服洪州地下異時贛江張而隄壞久雨輙滂潘白于漕帥修之自是田皆沃壤漕司以十四界會子新行價日損乃視民稅產物力各藏會子若干官爲封識不時點覈人愛重之則價可增慢令者黜籍而民譸張持空券益不售潘與國子學錄李誠之力爭不能止潘又入劄爭之曰錢荒楮漏毋子不足以相權不能行楮者由錢不能權之也楮不行而抑民藏之是棄物也誠能節用先穀粟之實務而不敢必於楮幣則楮幣為實用矣劄入漕司即

弛禁諳燔謝燔又念社倉之置僅貸有田之家而力田之農不得沾惠遂倡議裒穀創社倉以貸佃人有旨改官通判潭州辭不許真德秀為長沙帥一府之事咸諮燔不數月辭歸當是時史彌遠當國廢皇子竑燔以三綱所關自是不復出矣真德秀及右史魏了翁薦之差權通判隆興府江西帥魏大有辟充參議官皆辭乃以直秘閣主管慶元至道宮燔自惟居閑無以報國乃薦崔與之魏了翁真德秀陳宓鄭寅楊長孺丁黼葉宰龔維藩徐僑劉宰洪咨夔于朝紹定五年帝論及當時高士累召不起者史臣李心傳以燔對且曰燔乃朱熹高

弟經術行義亞黃穌當今海內一人而已帝問今安在
心傳對曰燔南康人先帝以大理司直召不起比乞致
仕陛下誠能强起之以置講筵其裨聖學豈淺淺哉帝
然其言終不召也九江蔡念成稱燔心事有如秋月公
卒年七十贈直華文閣謚文定補其子擧下州文學燔
嘗曰凡人不必待仕宦有位爲職事方爲功業但隨力
到處有以及物即功業矣又嘗曰仕宦至卿相不可失
寒素體大于無人不自得者正以磨揑驕奢不至居移
氣養移體因誦古語曰分之所定一毫躋攀不上善處
者退一步耳故燔處貧賤患難若平素不爲動被服布

素雖貴不易入仕凡四十二年而歷官不過七考居家
講道學者宗之與黃榦並稱曰黃李孫鏞登進士第

張寶章

宋史道學傳

張洽字元德臨江之清江人父紱第進士洽少穎異從
朱熹學自六經傳註而下皆究其指歸至於諸子百家
山經地志老子浮屠之說無所不讀嘗取管子所謂思
之思之又重思之思之不通鬼神將通之之語以爲窮
理之要熹嘉其篤志謂黃榦曰所望以永斯道之傳如
二三君者不數人也時行社倉法洽請於縣貸常平米

三百石建倉里中六年而歸其本於官鄉人利之嘉定
元年中第授松滋尉湖北經界不正弊日甚洽請行推
排法令以委洽洽於是令民自實其土地疆界產業之
數投于匱乃籌覈而次第之吏姦無所匿其後十餘年
訟者猶援以爲證云改袁州司理參軍有大囚訊之則
脈尋從變異且力能動搖官吏累年不決而建繫者甚
衆洽以白提點刑獄殺之有盜黠甚辭不能折會獄有
兄弟爭財者洽諭之曰訟于官秪爲胥吏之地且冒法
以求勝孰與各守分以全手足之愛乎辭氣懇切訟者
感悟盜聞之自伏民有殺人賄其子焚之居數年事敗

洽洽其獄無狀憂之且白郡委曾體訪俄夢有人拜于
庭示以傷痕在脊翌日委官上其事果然郡守以倉廩
虛耗倉吏二十餘家命洽鞫之洽廉知為都吏所賣都
吏者州之巨蠹也嘗干於倉不獲故以此中之洽度守
意銳未可曉姑繫之而密令計倉吏所入以白守曰君
之籍二十餘家者以胥吏也今校數歲之中所入已豈
於昔由是觀之胥吏妄矣君必不忍受胥吏之妄而籍
無罪之家也若以罪胥吏過乃可免守悟為罷都吏而
免所籍之家知永新縣一日謁告聞獄中榜笞聲蓋獄
吏受財乘間訊囚使誣服也洽大怒亟執付獄明日以

上下郡縣之湖南鄧寇作亂與縣接壤民大恐洽單車以往邑佐寓士交諫弗聽至則寇未嘗至乃延見隅官訪利害而犒之因行安福境上結約土豪得其懽心未幾南安髯寇將犯境聞有備乃去以江東提舉常平薦通判地州獄有張德修者誤殺人以死獄吏誣以故殺洽訊而疑之請毋鞫守不聽會提點常平袁甫至時方大旱禱不應洽言于甫曰漢晉以來濫刑而致旱伸寃而得雨載于方冊可攷也今天大旱焉知非由德修事乎甫為閱欵狀於獄德修遂從徒罪後白郡守請綱征稅寬催科以召和氣守為寬稅三百果大雨民甚悅洽

數以病請祠至是主管建昌仙都觀以慶壽恩賜緋衣銀魚時袁甫提點江東刑獄甫以白鹿書院廢弛招洽爲長洽曰嘻是先師之迹也其可辭至則選好學之士日與講說而汰其不率教者凡養士之田乾沒于豪右者復之學興即謝病去端平初大臣多薦洽召赴都堂審察洽以疾不赴乃除秘書郎尋遷著作佐郎度正葉味道在經幄帝數問張洽何時可到將以說書待洽洽固辭遂除直秘閣主管建康崇禧觀嘉熙元年以疾乞致仕十月卒年七十七洽自少用力於敬故以主一名齋平居不異常人至義所當爲則勇不可奪居閒不言

朝廷事或因災異變故輒顰蹙不樂及聞君子進用士大夫直言朝廷得失喜見顏色所交皆名士如呂祖儉黃榦趙崇憲蔡淵吳必大輔廣李道傳李燔葉味道李宏祖李方子柴中行真德秀魏了翁趙汝讜陳貴誼杜孝嚴度正張嗣古皆敬慕之卒後一日有旨除直寶章閣所著書有春秋集傳左氏蒙求續通鑑長編事畧歷代郡邑地理沿革表文集子樾樫賜同進士出身

陳北溪

宋史道學傳

陳淳字安卿漳州龍溪人少習舉子業林宗臣見而奇

之且曰此非聖賢事業也因授以近思錄淳退而讀之遂盡其業焉及朱熹來守其鄉淳請受教熹曰凡閱義理必窮其原如爲人父何故止於慈爲人子何故止於孝其他可類推也淳聞而爲學益力日求其所未至熹數語人以南來吾喜得陳淳門人有疑問不合者則稱淳善問後十年淳復往見熹陳其所得時熹已寢疾語之曰如今所學已見本原所闕者下學之功爾自是所聞皆要切語凡三月而熹卒淳追思師訓痛自裁抑無書不讀無物不格日積月累義理貫通洞見條緒故其言太極曰太極只是理理本圓故太極之體渾淪以理

言則自末而本自本而末一聚一散而太極無所不極其至自萬古之前與萬古之後無端無始此運淪太極之全體也自其沖漠無朕而天地萬物皆由是出及天地萬物既由是出又復沖漠無朕此運淪無極之妙用也聖人一心渾淪太極之全體而酬酢萬變無非太極流行之用學問工夫須從萬事萬物中貫通湊成一渾淪大本又於渾淪大本中散為萬物使無少窒礙然後實體得渾淪至極者在我而大用不差矣其言仁只是天理生生之全體無表裏動靜隱顯精微之間惟此心純是天理之公而絕無一毫人欲之私乃可以當其名

若一處有病痛一事有欠闕一念有間斷則私意行而生理息即頑痺不仁矣其語學者曰道理初無玄妙只在日用人事間但循序用功便自見所謂下學上達者須下學工夫到乃可從事上達然不可以此而安於小成也夫盈天地間千條萬緒是多少人事聖人大成之地千節萬目是多少功夫惟當開拓心胸大作基址須萬理明徹於胸中將此心放在天地間一例看然後可以語孔孟之樂須明三代法度通之於當今而無不宜然後為全儒而可以語王佐事業須運用酬酢如探諸囊中而不匱然後資之深取之左右逢其原而真為己

物矣至於以天理人欲分數而驗賞罰進退之幾如好好色惡惡臭而為天理人欲強弱之證必使之於是是非非如辯黒白如遇鏌鋣不容有騎牆不决之疑則雖艱難險阻之中無不從容自適夫然後為知之至而行之盡此語又中學者膏肓而示以標的也淳性孝母疾亟號泣于天乞以身代弟妹未有室家者皆婚嫁之葬宗族之喪無歸者居鄉不沽名徇俗恬然退守若無聞焉然名播天下世雖不用而憂時論事感慨動人郡守以下皆禮重之時造其廬而請焉嘉定九年待試中都歸遇嚴陵郡守鄭之悌率僚屬延講郡庠淳嘆陸張王

學問無源全用禪家宗旨認形氣之虛靈知覺爲大理之妙不由窮理格物而欲徑造上達之境反託聖門以自標榜遂發明吾道之體統師友之淵源用功之節目讀書之次序爲四章以示學者明年以特奏恩授迪功郎泉州安溪主簿未上而沒年六十五其所著有語孟大學中庸口義字義詳講禮詩女學等書門人錄其語號筠谷瀨口金山所聞

李果齋

宋史道學傳

李方子字公晦昭武人少博學能文爲人端謹純篤初

見朱熹謂曰觀公為人自是寡過但寬大中要規矩私緩中要果決遂以杲名齋長遊大學學官李道傳折官位輩行具刺就謁嘉定七年廷對擢第三調泉州觀察推官適真德秀來為守以師友禮之郡政大小咸咨焉暇則辯論經訓至夜分不倦故事秩滿必先通書廟堂乃除方子曰以書通是求也時丞相史彌遠聞之怒踰年始除國子錄無何將選入宮僚而方子不少貶以求合或告彌遠曰此真德秀黨也使臺臣劾罷之方子既歸學者畢集危坐竟日未始傾側對賓客一語不妄發雖奴隸亦不加訶詈然常嚴憚之嘗語人曰吾于問學

雖不能周盡然幸於大本有見處此心常覺泰然不為物欲所汩爾其亡也天子閔之與一子恩澤

黃提刑

宋史道學傳

黃灝字商伯南康都昌人幼敏悟強記肄業荊山僧舍三年入太學擢進士第教授隆興府知德化縣以興學校崇政化為本歲饑行賑給有方帥劉穎薦于朝除登聞鼓院光宗即位遷太常寺簿論今禮教廢闕請敕有司取政和冠禮喪葬儀及司馬光高閌等書參訂行之除太府寺丞出知常州提舉本路常平秀州海鹽民

伐桑柘毀廬屋舉千煙盜墅或食其子持之旁行乞而州
縣方督促逋欠灝見之蹙然曉有司倚閣夏稅遂發乞
併閣秋苗不俟報行之言者罪其專移居筠州已而寢
諭命止削兩秩而從其獨閣之請灝既歸里幅巾深衣
騎驢匡山間若素隱者起知信州改廣西轉運判官移
廣東提點刑獄告老不赴卒灝性行端飭以孝友稱朱
熹守南康灝執弟子禮質疑問難熹之沒黨禁方厲灝
單車往赴徘徊不忍去者久之

廖吏部

宋史儒林傳

廖德明字子晦南劍人少學釋氏及得龜山楊時書讀之大悟遂受業朱熹登乾道中進士知莆田縣民有奉淫祠者罪之沉像於江倉有顯者欲取邑地廣其居德明不可守倉僚屬諭之德明曰太守天子守土之臣未聞以土地與人者守乃慙服累官知潯州有聲諸司且交薦之德明曰今老矣況以道徇人乎固辭不受選廣東提點刑獄彈劾不避權要歲當薦士朝貴多以書託之德明曰此國家公器也悉不啟封還之有鄉人為主簿德明聞其能薦之會德明行縣簿感其知已置酒延之悉假富人觴豆甚盛德明怒曰一主簿乃若是侈必

貪也於是追還舊章其公嚴類此時盗陷桂陽迫郡郡人懼德明燕笑自如遣將馳擊而親持小麾督戰大敗之乃分戍守遠斥堠明審賞罰宣布威信郡以晏然如平時徙知廣州遷吏部左選郎官奉祠卒德明初為潯州教授為學者講明聖賢心學之要手植三栢于學潯士愛敬之如甘棠在南粤時立師悟堂刻朱熹家禮及程氏諸書公餘延僚屬及諸生親為講說遠近悅之嘗語人以仕學之要曰德明自始仕以至為郡惟用三代直道而行一句而已有槎溪集行於世朱子曰鄭德明學有根據為政能舉先王已墜之典以活中路無告之人

固學道愛人之君子所樂聞而願爲者

葉秘書

宋史儒林傳

葉味道初諱賀孫以字行更字知道溫州人少刻志好古學師事朱熹試禮部第一時僞學禁行味道對學制策率本程頤無所避知舉胡紘見而黜之曰此必僞徒也既下第復從熹于武夷山中學禁開登嘉定十三年進士第調鄂州教授理宗訪問熹之徒及所著書部使者遂以味道行誼聞差主管三省架閣文字遷宗學諭輪對言人主之務學天下之福也必堅志氣以共所學

謹幾微以驗所學正綱常以厲所學用忠言以克所學至若口奏則又述帝王傳心之要與四代作歌作銘之旨終又曰言宜則力臧文勝則意虛從臣有薦味道可為講官乃授太學博士兼崇政殿說書故事說書之職止於通鑑而不及經味道請先說論語詔從之帝忽問鬼神之理疑伯有之事涉於誕味道對曰陰陽二氣之散聚雖天地不能易有死而猶不散者有不得其死而鬱結不散者其變也故聖人設為宗祧以別親疎遠邇正所以教民親愛参贊化育今伯有得罪而死其氣不散為妖為厲使國人上下為之不寧于是為

之立子洩以奉其後則庶乎鬼有所知而神莫不寧矣蓋諷皇子竑事也三京用師廷臣邊閫交進機會之說味道進議狀以為開邊浸濶應援倍難科配日繁餽餉日迫民不堪命麁則黃巢之禍立見是先搖其本無益於外也經筵奏事無日不申言之而洛師卒以敗聞於是人謂味道見微慮遠味道所奏陳無一言不開導引翼求切於君身旁引折旋推致於治道遷秘書著作佐郎而卒訃聞帝震悼出內帑銀帛贈其喪升二官以任其後故事所未有也所著四書說大學講義祭法宗廟郊社外傳經筵口奏故事講義

知南康軍石君墓誌銘　文公先生

吾友石君子重諱某其先世為會稽新昌人石侯曾大父諱某不仕大父諱某辟庚子之亂始居台州臨海縣後以遺逸召授右迪功郎以歿父諱某贈朝奉郎母安人朱氏大宜人陳氏君幼端慤警悟不群年十五即自知刻意為學晝夜不怠年十八擢進士第丁外艱服除授左迪功郎郴州桂陽縣主簿會故參知政事李安簡公謫居郡下性嚴重不輕許可一見君深器重之授館其家日與論說前言往行勵以致遠之業常語人曰吾閱人多矣未有石君比者秩滿循從事郎調泉州同安縣

丞天旱民饑縣白府請得蠲歲租如故事太守怒檄君
杖主吏君移書太守曰杖一吏細事耳然其所繫則大
民今皇皇無以為命縱不能救忍復箝其口乎守怒未
已遣幕府官按驗至則希守意以為不當蠲君爭益力
部使者聞之因以其事諉君君既行視歸即揭榜諭民
蠲之什九然後言府且亟召鄉吏閉廨中使鄉為一榜
戶列所蠲與其當輸之數既成立授里正使走揭於其
所於是上官不得變其說鄉吏無所逞其姦邑人便之
改宣教郎知常州武進縣事民訟有數年不決者君一
訊立辯雖姦民健猾者亦皆驚服愧謝而去它邑滯訟

多請屬君以兵郡守欲爲寓客治第而屬役於縣其費且數十萬君不可曰吾爲天子牧民豈爲若人治第者耶且浚民之膏血以媚人吾不忍也守怒欲中以法掇拾亡所得會君有親嫌法當兩易君不顧去罷歸民數千人詣郡請留君不可則相與伺守出遮道號訴至有號泣者守不能禁君因更調南劍州尤溪縣待次家食三年雖貧不戚也至官吏以財匱請借民租君不答但日治税籍凡民逃絶而田入見戸者與鬻産而不能更其籍者皆正之又謹視其出納之際要爲簡易以便民而吏不得以容其姦關市之征亦損其數於是

官無苛擾農商得職租入以時力役有序至者爭先為里正者縣故鮮修學校久廢士寡見聞不知所以為學君至即命其友古田林用中來掌教事而選邑子願學者充弟子員始教之日親率佐吏宿賓客往臨之因為陳說聖賢教學凡以為修己治人之資而非如今之所謂者聞者皆動心焉自是五日一徃伐鼓外堂閭諸生進業次第相與反覆以求義理至當之歸員外諸生數十或異邦之人皆裹糧來就學君視故學宮為不稱乃廣其規模新其棟宇市書萬卷買田數百畝以充入之既成為考古制舉鄉飲酒禮以落之於是士始知學而

民俗亦變君又擴其舊俗之不美者數事為文以訓飭
之民皆傳寫誦習焉遠鄉有據險自豪不輸租賦數十
年日與比鄉為仇敵者君為榜以喻之即斂手聽命輸
賦觧仇復與齊民齒民王某者有刑罪具獄上府吏以
邀求不厭欲致之死君爭之不聽則請自對獄與吏辯
代民死民乃得免歲大疫多治藥劑分遣醫者散入村
落時為詩以勸之賴以活者甚衆及代去民或畫像祠
之監察御史陳公舉善聞其賢薦之朝而君自從吏部
選授福建路安撫司幹辦公事以失會丞相史公彌遠
薦一時名士數人君復與焉有旨召對君辭不獲乃入

見首陳人君之道與天同乃天心至公故人君之心不可以有一毫之私因歷引時事以質之言甚剴切上皆然之差監登聞檢院未幾除將作監主簿尋改太常居頃之有所不樂因謁告歸省請得奉祠終養除知南康軍事將行而遭內艱未終制有詔舉材堪刺舉者吏部尚書鄭公丙以君對然君已不及聞矣其卒以淳熙九年六月乙丑享年五十有五積官至朝散郎君為人外和內剛平居恂恂如不能言者而遇事立斷毅然有不可犯之色事繼母承順不違兄弟之間怡怡如也宗族有貧不能自活者買田捐金以振業之教其子與己子

笄嫁孤女多得所歸道遇張子募人毋之月有給焉其爲政二王於愛民而憂國之心又甚切於賢材之用舍政令之得失一有所聞愚善之誠形於言色至或累日不釋然自處甚約自律甚嚴在州縣未嘗虜意上官在朝廷未嘗造請當路豁疎賤一旦見天子盡言竭忠未嘗少爲迂回避就之計其爲學自聘君朝奉時已傳其業後更從舅氏太子詹事陳公良翰受書焉聞人之善必手記而心慕之其人可見雖少賤僻遠不憚其與之遊相好尤篤也晚名其燕居之室曰克齋讀書其間沒身不懈後生執業就正者皆賴君知所鄉而君未嘗少

自足也此其志豈可量哉予前年守南康朝廷以君與
予善除以為代予亦日夜望君至冀得用彼邦學子為
寄而君不果來當年奉使浙東聞新剡饑民轉入合境
甚衆亟以屬君君即慨然以為己任其得免於饑凍捐
瘠而歸者蓋數百人然其後予以事至合則已不及見
君而哭其殯矣嗚呼悲夫君之配朱氏劉氏李氏皆贈
安人姜氏封安人子男四人繼微繼鳴繼善繼周女五
人長適范籍次許嫁商月卿餘尚幼君為文明白勁切
似其為人然非有故未嘗作今有文集十卷藏於家所
集周易大學中庸解又數十卷傳學者繼微等將以十

二月庚申葬君龍谷山雲溪先塋之側使來請銘時予
已病歸臥故山念不得往而祖君之行也乃敘其事而
銘之其辭曰
予悲斯人之病而莫與瘳也悼斯學之孤而莫與儔也
又哀君之有志而久不讎也噫嘻苦哉可嘆而君不留也龍
谷之城雲溪之宅詔彼茫茫不在斯刻

韓慶源

名慶字漢卿慶源人居嘉興史稱其淳謹勤恪嘗著四
書纂疏詩傳童子問以發師旨

杜南湖杜九山

南湖名煒字良仲方山名知仁字仁仲皆黃巖人南湖師事文公十有餘年文公嘗與之書曰自頃聞昆仲之名願得一見久矣中間僅得識良仲而於仁仲尚復差池至今為恨茲者乃承不鄙致問許以來摩此意厚矣然義理不外于吾身但能反躬以索毋使因循有所間斷則無不得之理又答仁仲書曰良仲前書所論數條皆善但更勉力研究玩味久之自然見處明白踐履從容不費安排仁仲蓋有意於切問近思之學者然亦便如此不得更須得傳之以文始有進步耳

趙訥齋

名師淵字幾道號訥齋黄巖人嘗從文公遊文公與之論校通鑑前後凡八書有曰細看得如何得爲整頓續成一書亦佳事也又曰細看想間中整頓得盡可觀恨相去遠不得相聚討論也又曰其衰朽殊甚次第只八了禮書已無餘力此事全賴幾道爲結裹了却亦一事也又嘗答其書謂所論時學之弊甚善但所謂冷淡生活者亦恐反遲之而禍大耳孟子所以舍申商而距楊墨者正爲此也

伊洛淵源續錄卷第五

伊洛淵源續錄卷第六

眞文忠公

宋史儒林傳

眞德秀字景元後更景希建之浦城人四歳受書過目成誦十五而孤母吳氏力貧教之同郡楊圭見而異之使歸其諸子學卒妻以女登慶元五年進士第授南劍州判官繼試中博學宏詞科入閩帥幕召爲太學正嘉定元年遷博士時韓侂冑已誅入對首言權臣開邊南北塗炭今玆繼好豈非天下之福然日者以行人之遣金人欲多歳幣之數而吾亦曰可增金人欲得姦臣

之首而吾亦曰可與往來之稱謂犒軍之金帛根括歸
明流徙之民皆承之唯謹得無滋媢我乎抑善謀國者
不觀敵情觀吾政事今號爲更化而無以使敵情之畏
服正恐彼資吾歳賂以厚其力乘吾不備以長其謀
且挑爭端而吾無以應此有識所爲寒心又言侂胄自
知不爲清議所貸至誠憂國之士則名以好異於是忠
良之士斥而正論不聞正心誠意之學則誣以好名於
是僞學之論興而正道不行今日改弦更張正當褒崇
名節明示好尚召試學士院改秘書省正字兼檢討玉
牒一年遷秘書郎又對言暴風雨雹熒惑蝻蝗之變皆

贓吏所致尋兼沂王府教授學士院權直三年遷祕書郎又對乞開公道窒旁蹊以抑小人道長之漸選良牧勵戰士以扼群盜方張之鋭四年遷著作佐郎同列相忌譏之德秀恬不與較宰相將用德秀會言官觝之德秀力辭兼禮部郎上疏言金有必亡之勢亦可爲中國憂蓋金亡則上恬下嬉憂不在敵而在我多事之端恐自此始五年遷軍器少監外權直六年遷起居舍人癸權姦擅政十有四年朱熹彭龜年以抗論逐呂祖儉周端朝以上書斥當時近臣猶有爭之者其後呂祖泰之貶非惟近臣莫敢言而臺諫且出力以擠之則嘉泰之

失已深於慶元矣更化之初群賢皆得自奮未幾傳伯
成以諫官論事去蔡幼學以詞臣論事去鄒應龍許奕
又繼以封駁論事去是數人者非能大有所矯拂也皆
不容於朝故人務自全一辭不措設有大安危大利害
群臣喑嘿如此豈不殆哉今欲與陛下言勤訪問廣謀
議明黜陟三者而已將鈔法楮令行告訐繁興抵罪者
衆莫敢以上聞德秀奏或一夫坐罪而併籍昆弟之財
或虧陌四錢而没入百萬之資至于科富室之錢拘鹽
商之舟擊而下凡民藏楮幣山委以收券者雖大家
不能免尚以名便民之策自此籍没之産以漸給還數

太常少卿又言金人必亡君臣上下皆當以祈天永命
爲心克金國賀登位使及盱眙聞金人內變而返言于
上曰臣自揚之楚自楚之盱眙沃壤無際陂湖相連民
皆堅悍強忍此天賜吾國以屏當大江使強兵足食爲
進取資顧田疇不闢溝洫不治險要不扼丁壯不練豪
傑武勇不收拾一旦有警則徒以長江爲恃豈如及今
大修墾田之政專爲一司以領之數年之後積儲充實
邊民父子爭欲自保因其什伍勸以兵法不待糧餉皆
爲精兵又言邊防要事時史彌遠方以爵祿縻天下士
德秀慨然謂劉爚曰吾徒須急引去使廟堂知世亦有

不肯爲從官之人遂力請去出爲秘閣修撰江東轉運副使山東盜起朝廷猶與金通使德秀朝辭奏國耻不可忘鄰盜不可輕喜安之謀不可恃導諛之言不可聽至公之論不可忽寧宗曰卿力有餘到江東日爲朕撙節財計以助邊用江東旱蝗廣德太平爲甚德秀遂與留守憲司分所部九郡大講荒政而自領廣德太平親至廣德與太守魏峴同以便宜發廩使敎授林庠賑給竣事而還百姓數千人送至都外指道傍叢塚泣曰此皆往歲餓死者微公我輩已相隨入此矣索毀太平州私創之大斛徽州守林琰無廉聲寧國守張忠恕規匿

賑濟米皆効之而以李道傳攝徵先是都司胡槻薛極每詣德秀迂儒試以事必敗至是政譽日聞因倡言早傷本輕監司好名賑贍太過使覗効摩以撼德秀德秀上章自明朝廷悟與覗同受摩幹官而道傳尋召還德秀以右文殿修撰知泉州番舶畏苛征至者歲不三四德秀首寬之至者驟增至三十六艘輸租令民自既聽訟惟揭二小姓名人自詣州泉多大家為閭里患痛繩之有訟田者至焚其券不敢爭海賊作亂將迫城官軍敗衄德秀祭兵死者乃親授方略禽之復徧行海濱審視形勢增屯要害處以備不虞十一年以集英殿修撰知

隆興府承寬弛之後乃糾濟以嚴尤留意軍政欲分鄂
州軍屯武昌及通廣鹽于贛與南安以弭汀贛鹽寇未
及行以母喪歸明年蘄黃失守盜起南安討之數載始
平人服德秀先見十五年以寶謨閣待制湖南安撫使
知潭州以廉仁公勤四字勵僚屬以周惇頤胡安國朱
熹張栻學術源流勉其士罷榷酤除斛面米申免和糴
以甦其民民艱食既極力賑贍之復立惠民倉五萬石
使歲出糶又易穀九萬五千石分十二縣置社倉以徧
及鄉落別立慈幼倉立義阡惠政畢舉月試諸軍射捐
其回易之利及官田租凡營中病者死未葬者孕者嫁

娶者贍給有差朝廷從壽昌朱㮚請以飛虎軍戍壽昌併致其家口力爭止之江華縣賊蕃師入境殺掠擾廣西共討平之司馬遵守武岡激軍變欽遵而誅其亂者理宗即位召爲中書舍人兼權禮部侍郎直學士院入見奏三綱五常扶持宇宙之棟榦奠安生民之柱石晉廢三綱而劉石之變興唐廢三綱而安祿山之難作我朝立國先正名分陛下不幸處人倫之變流聞四方所損非淺霅川之變非濟王本志前有避匿之迹後聞討捕之謀情狀本末灼然可考願討論雍熙追封秦邸故事斟酌行之濟王未有子息亦惟陛下興滅繼絕上曰

朝廷待濟王亦至也德秀曰若謂此事處置盡善臣未
敢以爲然觀舜所以處象則陛下不及舜明甚人主但
當以二帝三王爲師上曰一時倉卒耳德秀曰此已往
之咎惟願陛下知有此失而益講學進德次言蜀川之
獄未聞參聽於公朝進蜀一閫乃出于僉論所期之外
天下之事非一家之私何惜不與衆共之且言乾道淳
熙間有位于朝者以饋遺及門爲恥受任于外者以苞
苴入都爲羞今餽賂公行薰染成風恬不之怪又旣言
朝廷之上敏銳之士多于老成雖嘗以耆艾厖傳伯成
楊簡以儒學厖柴中行以恬退用趙蕃劉宰以忠亮敢

言如陳宓徐僑皆未蒙錄用上問廉吏德秀以知袁州
趙䇖夫對即親擢䇖夫直祕閣為監司具手札入謝因
言嘗與之帥蜀楊長孺帥閩皆有廉聲乞廣加咨訪上
初御清暑殿德秀因經筵侍上進曰此高孝二祖儲神
燕閒之地仰瞻楹桷當如二祖在上陛下所居處密邇
東朝未敢遽當人主之奉今宮闈之儀浸備以一心而
受衆攻未有不浸淫而蠹蝕者惟學可以明此心惟敬
可以存此心惟親君子可以維持此心因極陳古者居
喪之法與先帝視朝之勤寧宗小祥詔群臣服純吉德
秀爭之曰自漢文帝率情變古惟我孝宗方衰服三年

朝衣朝冠皆以大布惜當時不併定臣下執喪之禮此
千載無窮之憾孝宗崩從臣羅點等議令群臣易月之
後未釋衰服惟朝會治事權用墨帶公服時亭仍臨慰
至大祥始除衰冐柄政始以小祥從吉且帶不以金鞓
不以紅佩不以魚鞍轎不以文繡此於群臣何損朝儀
何傷義遂格德秀屢進疏言上皆虛心開納而彌遠益
嚴憚之乃謀所以相撼畏公議未敢發給事中王塈盛
章始駁德秀所主濟王贈典繼而殿中侍御史莫澤劾
之遂以煥章閣待制提舉玉隆宮諫議大夫朱端常又
劾之落職罷祠監察御史梁成大又劾之請加竄殛上

曰仲尼不以為已甚乃止既歸修讀書記語門人曰此
人君爲治之門如有用我者執此以往汀寇起德秀薦
陳韡有文武才于常平使者史彌忠彌忠言于朝遂起
韡討平之紹定四年改職與祠五年進徽猷閣知泉州
迎者塞路深村百歲老人亦扶杖而出城中歡聲動地
諸邑二稅當預借至六七年德秀入境首禁預借諸邑
有累月不解一錢者郡計赤立不可為或咎寬濫大縣
德秀謂民困如此寧身代其苦決訟自卯至申未已或
勸嗇養精神德秀謂郡敝無力惠民僅有政平訟理事
當勉建炎初置南外宗正司于泉公族僅三百人漕司

與本州給之而朝廷歲助度牒已而不復給而增至二千三百餘人郡坐是愈不可爲德秀請于朝詔給度牒百道彌遠處上親政以顯謨閣待制知福州戒所部無濫刑橫斂無徇私黷貨罷市令司曰物同則價同寧有公私之異閩縣里正苦督賦輩之屬縣苦貴糴便宜發常平賑之海寇縱横次第擒殄之未幾聞金滅京湖帥奉露布圖上八陵而江淮有進取潼關黃河之議德秀以爲憂上封事曰移江淮甲兵以守無用之空城運江淮金穀以治不耕之廢壤富强之效未見而根本之弊立見惟陛下審之重之召爲户部尚書入見上迎謂曰卿

去國十年每切思賢乃以六學衍義進復陳祈天永命之說謂敬者德之聚儀狄之酒南威之色盤遊弋射之娛禽獸狗馬之玩有一于茲皆足害敬上欣然嘉納改翰林學士知制誥時政多所論建踰年知貢舉已得疾拜參知政事同編修敕令武經要略三乞辭祿上不得已進資政殿學士提舉萬壽觀兼侍讀辭疾亟冠帶起坐乞謝事猶神爽不亂遺表聞上震悼輟視朝贈銀青光祿大夫德秀長身廣額容貌如玉望之者無不以公輔期之立朝不滿十年奏疏無慮數十萬言皆切當世要務直聲震朝廷四方人士誦其文想見其風采及官

遊所至惠政深洽不愧其言由是中外交頌都城人時驚傳傾洞奔擁出關曰眞直院至矣果至則又塡塞聚觀不置時相益以此忌之輒擯不用而聲愈彰及歸朝適鄭清之挑敵兵民死者數千萬中外大耗尤世道升降治亂之機而德秀則旣衰矣杜範方攻清之誤國且謂其貪黷更甚于前而德秀乃奏言此皆前權臣玩愒之罪非今日措置之失譬如和扁繼庸醫之後一藥之誤代爲庸醫受責其議論與範不同如此然自侂胄立僞學之名以錮善類凡近世大儒之書皆顯禁以絕之德秀晚出獨慨然以斯文自任講習而服行之黨禁旣

開而正學遂明于天下後世多其力也所著西山甲乙藁對越甲乙集經筵講義端平廟議翰林詞草四六獻忠集江東救荒錄清源雜志星沙集志既歿上思之不置謚曰文忠

何文定公

宋史儒林傳

何基字子恭婺州金華人父伯熭爲臨川縣丞而黄榦適知其縣事因見二子而師事焉榦告以必有真實心地刻苦工夫而后可基悚惕受命於是隨事誘掖得聞淵源之懿微辭奥義研精覃思平心易氣以俟其通未

嘗參以己意亡異以爲高徇人而必變凡所讀無不加
標點義顯意明有不待講說而自見者朱熹門人楊與
立一見推服來學者衆嘗謂爲學立志貴堅規模貴大
克踐服行死而後已讀書之法須掃蕩胸次淨盡然後
吟哦上下諷詠從容使人感發方爲有功謂以洪範參
之大學中庸有不約而符者謂讀易者當蓋其膠固
支離之見以潔淨其心玩精微之理沉潛涵泳得其根
源乃可漸觀爻象蓋其確守師訓故能精義造約王栢
既執贄爲弟子甚謙抑不以師道自尊栢高明絕識序
正諸經弘論英辯質問難疑或一事至十往返甚終不

變以待其定嘗曰治經當謹守精究不必多起疑論有
欲爲後學言者謹之又謹可也基淳固篤實絶類漢儒
雖一本于熹然就其言發明則精義新意愈出不窮基
文集三十卷而與名相問辯者十卷趙汝騰守婺延聘請
講辭不就復首薦于朝又率名從官列薦通判鄭士懿
守蔡抗楊棟相繼以請皆辭景定五年詔擢基
與建人徐幾同被命添差婺州學教授兼麗澤書院山
長力辭未竟理宗崩咸淳初授史館校勘兼崇政殿說
書屢辭改承務郎主管西嶽廟終亦不受也卒年八十
一國子祭酒楊文仲請于朝謚文定所著大學中庸發

揮大傳易啓蒙發揮通書近思録發揮

王文憲公

宋史儒林傳

王栢字會之婺州金華人大父崇政殿説書師愈從楊時受易論語既又從朱熹張栻呂祖謙游父瀚朝奉郎主管建昌軍仙都觀兄弟皆及熹祖謙之門栢少慕諸葛亮爲人自號長嘯年踰三十始知家學之原捐去俗學勇於求道與其友汪開之著論語通旨至居處恭執事敬惕然嘆曰長嘯非聖門持敬之道亟更以魯齋從熹門人游或詰以何基嘗從黄榦得熹之傳既往從之授

以立志居敬之旨且作習齋箴勉之質實堅苦有疑必從甚質之於論語大學中庸孟子通鑑綱目標注點校尤為精密作敬齋箴圖夙興見廟治家嚴飭當暑閉門靜坐子弟日事非衣冠不見也必孤其事伯兄甚恭季弟蚤喪撫其孤又割田立之收合宗族周恤扶掖之關之沒家貧為之斂且塟焉來學者甚衆其教必先之以大學蔡抗楊棟相繼守饒趙景緯守台聘為麗澤上蔡兩書院師鄉之耆德皆執弟子禮理宗崩率諸生制服臨于郡柏之言曰伏羲則河圖以畫八卦文王推八卦以合河圖河圖者先天後天之祖宗也河圖是逐位奇

偶之交後天是體統奇偶之交惟四生數不動以四成數而下上之上偶下奇莫非自然又曰大禹得洛書而列九疇箕子得九疇而傳洪範範圍之數不期而暗合洪範者經傳之宗祖乎初一曰五行以下止八十五字為洪範五皇極以下止八十四字為皇極經此帝王相傳之大訓非箕子之言也又曰今詩三百五篇豈盡定于夫子之手所刪之詩容或有存于閭巷浮薄之口漢儒取以補亡乃定三百篇各十有一篇兩兩相配退何彼穠矣甘棠歸之王風削去野有死麕黜鄭衛溱洧之詩又依春秋發揮又曰大學致知格物章未嘗亡還知止章于

聽訟之上謂中庸古有二篇誠明可爲綱不可爲目定中庸誠明各十一章其卓識獨見多此類也其卒整衣冠端坐揮婦人勿近國子祭酒楊文仲請于朝謚曰文憲所著有讀易記涵古易說大象衍義涵古圖書讀書記書疑詩疑詩辨說讀春秋記論語衍義太極衍義伊洛精義研幾圖魯經章句論語通旨孟子通旨書附傳尨氏正傳續國語闡學之書文章復古文章續古濂洛文統擬道志朱子指要詩可言天文考地理考墨林考大爾雅六義字原正始之音帝王曆數江右（一作左）淵源伊洛精義襍志周子發遣三昧文章指南朝華集紫陽書詩

伊洛淵源續錄卷第六終

類家乘文集

重刊伊洛淵源二録跋

嘉靖己丑予董學事于閩懼弗德無以率先諸士乃取伊洛淵源錄及續錄合而刻之咸俾觀焉庶幾有所興起而自得師若徒獵取以供較藝是爲閩生之一贅事也是予重得罪於諸先哲也諸士子念之臨海高貴亨謹書

弘治丙辰秋七月望後二日鏵再識于方巖書院

慶安貳曆仲春

京師二條通衣棚

風月莊左衛門發行